KB220413

평신도가 성경과 삶에서 발견한 하나님 나라

A Layman's Discovery of the Kingdom of God in the Bible and in his Life

평신도가 성경과 삶에서 발견한 하나님 나라

2017년 11월 25일 초판 인쇄
2017년 11월 30일 초판 발행

지은이 조영우
교정교열 정난진
펴낸이 이찬규
펴낸곳 북코리아
등록번호 제03-01240호
주소 13209 경기도 성남시 중원구 사기막골로 45번길 14
우림 2차 A동 1007호
전화 02-704-7840
팩스 02-704-7848
이메일 sunhaksa@korea.com

ISBN 978-89-6324-576-8(03230)
값 15,000원

* 이 책의 인세수익금은 이 땅의 청년들을 다음 세대의 리더로 세우고 돕는 사역에 전액 기부됩니다.

평신도가 성경과 삶에서 발견한 하나님 나라

기독교 신앙의 본질 회복과
실천을 위한 성경 읽기 안내서

조영우 지음
감수 · 추천
이성덕 · 이종필 목사

북코리아

추천사 1

일찍이 종교개혁자 마르틴 루터는 세례(침례) 받은 그리스도인은 영적인 의미에서 원칙상 모두가 사제라는 '만인사제설'을 주장함으로써 성직자들의 독점적이며 위계적인 성(聖)과 속(俗)의 경계를 허물고자 했습니다. 한 발 더 나아가 말하자면, 오늘날 자신들이 지니고 있는 신앙에 대해 성찰하고, 자신들이 믿는 바에 대해 묻는 사람들에게 체계적으로 답하고자 하는 그리스도인은 정도의 차이는 있을지 모르나 모두가 신학자라고 할 수 있습니다. "너희 마음에 그리스도를 주로 삼아 거룩하게 하고 너희 속에 있는 소망에 관한 이유를 묻는 자에게는 대답할 것을 항상 준비하되 온유와 두려움으로 하고"(벧전 3:15)라는 베드로의 말씀도 이런 맥락에서 이해될 수 있을 것입니다. 바로 이런 점에서 이 책의 저자인 조영우 교수는 매우 훌륭한 그리스도인이자 신학자라고 할 수 있습니다. 신학을 전공하지 않았다는 점에서 겸손하게 책 제목을 『평신도가 성경과 삶에서 발견한 하나님 나라』라고 붙였지만 말입니다.

저자는 "신앙생활이 시대와 삶의 맥락과 단절되면 하나님의 능력을 드러내지 못하는 삶을 살 수밖에 없을 것"이라는 확신 속에서 올바른 신앙생활의 시금석이 되는 성경 말씀을 자신이 살아온 삶과 시대의 맥락에서 성찰하며 시대의 도전에 대한 대답을 찾아내고 있습니다. 특히 저자는 "오랜 신앙생활에도 불구하고 삶의 현장에서 능동적이고 성숙한 모습으로 살아가지 못하는 목회자 의존적인" 한국의 그리스도인이 좀 더 주체적이고 능동적이고 성숙한 신앙인으로 거듭나기를 바라는 소망을 숨기지 않습니다.

저자는 말한 만큼 삶으로 살아내는 성실한 사람입니다. 독자들은 이 책이 저자의 단순한 관념적인 사유의 산물이 아니라, 자신의 깊은 체험 속에서 길어 올린 생수 같은 것임을 알게 될 것입니다. 이 생수를 마실 때 우리 시대가 갈급해하는 지혜와 소망에 대한 갈증을 어느 정도 해소할 수 있을 것입니다. 문자를 넘어 전해오는 저자의 간절함과 열정, 비전을 이 땅을 살아가는 모든 그리스도인이 느껴보시기를 바라면서 일독을 적극 추천하는 바입니다.

이성덕 목사
배재대학교 복지신학과 교수/교목실장
(『소설 아펜젤러』/『이야기 교회사』 저자)

추천사 2

조영우 교수를 보면 늘 예수께서 나다나엘을 보면서 "이는 참 이스라엘 사람이라 그 속에 간사한 것이 없도다"라고 하셨던 말씀이 생각납니다. 그는 한 사람의 성도로서 늘 예수를 삶으로 실천하며, 현장에서 학생들을 살리는 진정한 스승이었습니다. 그를 바라보면 목회자의 마음이 느껴졌습니다. 그가 이번에 하나님 나라를 이 땅에 이루며 살아가는 데 꼭 필요한 제안을 성경적·역사적으로 고찰한 작품을 선물해주었습니다. 이 책은 한국교회의 아픔을 온몸으로 느꼈지만, 그에 굴하지 않고 상처를 승화시킨 놀라운 작품입니다. 부디 모든 그리스도인이 읽기를 강력히 추천합니다.

이종필 목사
세상의빛교회 담임목사
(『하나님나라 관점으로 구약관통/신약관통』 저자)

감사의 글

소중한 신앙을 물려주신 부모님과 어린 시절부터 지금에 이르기까지 귀한 가르침을 주신 안종만 목사님을 비롯한 모든 목회자분들과 교회학교 선생님들, 신앙의 선배님들께 먼저 감사를 드립니다. 이 책에는 이분들의 소중한 가르침과 신앙의 본이 담겨 있습니다.

또한, 옆에서 든든한 동반자가 되어주는 아내와 삶과 신앙에 대해 많은 깨달음을 주는 세 아이에게 사랑한다는 말을 전하고 싶습니다.

힘들었던 유학생 시절, 가족 이상으로 큰 도움을 주셨던 어바나-샴페인 한인장로교회 에녹구역, 함께 삶을 나눈 여호수아구역 식구들과 크로스웨이 대학부 지체들에게도 각별한 고마움을 표현하고 싶습니다.

대전대흥침례교회 조경호 담임목사님, 상담위원회 이덕기 협동목사님을 비롯한 위원분들, 여디디야 청년부 양성규 목사님과 지체들의 복음에 대한 열정과 헌신도 이 책을 쓰는 데 큰 영감과 도전을 제공해주었습니다. 감사드립니다.

특별히, 부족한 원고를 감수해주시고 과분한 추천사까지 써주신 이성덕 목사님과 이종필 목사님께 진심으로 감사의 말씀을 드립니다. 또한, 부족한 원고를 완독하시고 귀중한 피드백을 주신 리뷰어분들의 수고에도 감사드립니다. 원고의 많은 부분에서 이분들의 조언이 반영되어 내용이 더욱 충실한 책을 쓸 수 있었습니다.

권은아 선교사님, 김소원 선생님, 김정태 교수님, 김진영 장로님, 유지은 교수님, 박지선 집사님, 벤 가리도 교수님, 백종인 교수님, 염인섭 집사님, 이덕기 목사님, 홍인숙 집사님.

연구와 집필에 집중할 수 있도록 연구년을 허락해주신 배재대학교 김영호 총장님과 대학 당국의 배려, 교수선교회원들의 격려에 감사드립니다. 항상 든든한 후원자이시며 삶의 본을 보여주시는 TESOL·비즈니스영어학과 이창인 교수님, 김정태 교수님께도 감사드립니다.

마지막으로, 좋은 책을 만들어주신 북코리아 이찬규 사장님, 송새롬 선생님을 비롯한 직원 분들, 멋진 그림을 그려준 대전대흥침례교회 최재성 형제님께도 감사드립니다.

그 누구보다도 이 책을 쓰는 모든 과정을 인도하신 하나님께 가장 큰 감사를 올려드립니다.

교회와 삶의 현장을 오가는 길목에서

2017년 11월 1일

조영우

목차

들어가면서

• 맥락이 살아있는 믿음

이 책을 쓰게 된 동기는 1980년대 후반 중학생 시절까지 거슬러 올라갑니다. 그 당시 처음으로 영어학원에 다니게 되었습니다. 첫 수업시간에 긴장하며 앉아 있는데 불쑥 들어오신 선생님은 아무 말도 없이 커다란 4절지를 나눠주셨습니다. 그 위에는 영어문장들이 빼곡하게 적혀 있었습니다. 저는 선생님을 따라서 "I am a boy, you are a girl" 같은 문장들을 열심히 외웠습니다. 처음에는 어색했지만 큰 소리로 반복해서 연습하다 보니 점점 영어를 잘하게 되는 것 같아서 뿌듯한 느낌이 들었습니다.

이렇게 무조건 암기하는 방식의 영어공부에 재미를 붙인 저는 고등학생이 된 후 영문법 규칙을 발견하는 또 다른 재미에도 빠져들었습니다. 두툼한 영문법 책들을 여러 번 독파하니 영어의 모든 구조와 법칙들이 한눈에 다 들어오는 듯했습니다. 이렇게 영어에 자신감을 갖게 된 저는 대학 전공도 영어영문학으로 결정했습니다.

그러나 대학에 입학하여 영어회화 수업에 들어간 첫날 큰 충격을 받았습니다. 영어로 단 한마디도 할 수 없었기 때문입니다. 막상 영어로 말을 하려고 보니 그동안 열심히 외운 단어, 문장들이나 문법 규칙들이 분명히 머릿속에 있는데도 입밖으로 말이 나오지 않아서 진땀을 흘려야 했습니다. 대학원에서 TESOL(영어가 모국어가 아닌 학습자에게 실시하는 영어교육)을 공부하면서 비로소 오랜 시간 영어를 공부했는데도 영어로 소통하지 못했던 이유를 알 수 있었습니다. 맹목적으로 암기한 단어, 문장, 문법 규칙들에는 대화 상대방, 장소, 목적 등 언어 사용의 '맥락(context)'이 빠져 있었던 것입니다. 예를 들어, "I am a boy."라는 문장은 의미나 형태가 완벽하지만 실제 대화에서 사용하기가 거의 불가능한 표현입니다. 당시 외운 영어 문장들이 대부분 이렇게 단어/문법 자체를 가르치기 위한 문장들이었지 실제로 사용되는 영어는 아니었던 것입니다.

맥락이 없는 영어 학습이 가져다준 쓰라린 좌절은 제 신앙과 교회의 모습을 바라보는 새로운 관점을 갖게 되는 계기가 되었습니다. 교회에 있을 때는 믿음이 좋은 것 같은데 왜 교회 문만 나서면 한 주 내내 하나님과 전혀 상관없는 삶을 살게 되는 것인지 이유를 알 수 없었습니다. 맹목적 암기와 영문법 이해를 중심으로 영어를 오랜 기간 공부했지만 실제 상황에서는 한마디도 하지 못하는 제 영어실력과, 삶 속에서 실천되지 않는 제 맹목적이고 형식적인 믿음의 문제는 분명히 닮은꼴이었던 것입니다. 의사소통의 맥락을 고려하지 않고 단어, 문법 같은 형태와 구조 중심으로 영어를 학습하면 말을 제대로 못하는 영어실력이 되는 것과 같이, 삶의 맥락이 없는 채로 형태만 남은 믿음은 마치 뼈대는 있지만 근육과 살이 없어서 막상 일할 때 힘을 쓰지 못하는 사람과 같다고 할 수 있습니다. 신앙의 본질을 고수하는 데 치중하느라 세상과 단절되어버린 폐쇄적 신앙의 단면입니다.

• 본질을 지키는 믿음

그렇다고 해서 맥락만 있으면 온전한 믿음이 완성되는 것은 아닙니다. 맥락이 살아있는 믿음의 전제는 '본질'에 뿌리를 내린 믿음이기 때문입니다. 기독교 신앙의 본질은 진리의 말씀인 성경입니다. 따라서 본질을 지키는 믿음을 가지려면 성경을 읽어야 한다는 결론에 도달하게 됩니다.

그런데 성경을 읽을 때 중요한 것은 성경을 읽는 관점입니다. 성경을 읽으면서 내 문제를 해결하는 데 치중하는 믿음은 자칫 하나님을 필요할 때마다 불러내는 램프의 거인으로 만들어버릴 수 있습니다. 믿음의 실천과 적용도 물론 중요하지만 내 삶에 직접 적용되는 말씀만 취사선택하여 받아들인다면 믿음의 본질을 잃어버린 '나를 위한' 기독교가 되어버리는 것입니다. 이렇게 본질을 상실하고 맥락/적용만 남아버린 믿음은 마치 근육과 살은 있지만 뼈대가 없어서 제대로 서 있지 못하는 사람과 같다고 할 수 있습니다. 현실적인 문제 해결에 치중하느라 복음에 세상 온갖 영향력들이 섞여버린 혼합적 신앙의 단면입니다.

진정한 기독교 신앙은 성경을 기록하신 하나님의 관점에서 성경 전체를 균형 있게 읽는 것에서 시작됩니다. 그것은 성경에 담긴 66권의 책이 각기 다른 시대와 주제를 다룬 모음집이 아니라 '예수 그리스도가 통치하는 하나님 나라'를 대주제로 하는 한 권의 책이라는 관점으로 성경을 읽는 것입니다. '하나님 나라'라는 본질적 관점에서 성경을 시대와 삶의 구체적인 맥락에 연결시켜 이해하고 적용할 수 있는 능력을 갖춰야 합니다. 반대로 신앙생활이 시대와 삶의 맥락과 단절되면 하나님의 능력을 드러내지 못하는 삶을 살 수밖에 없을 것입니다.

- **본질과 맥락이 하나 되는 믿음**

믿음의 본질이라는 다이너마이트가 맥락이라는 뇌관에 연결된 후에는 성령의 점화가 일어나야 강력한 폭발력을 발휘할 수 있습니다. 성경과 역사 속에 등장한 수많은 믿음의 선배들은 성령님의 인도하심과 역사하심 가운데 믿음의 본질을 지키는 동시에 자신에게 주어진 시대적 맥락에서 부여된 사명을 수행하는 살아있는 믿음의 능력을 보여주었습니다.

지금도 하나님께서는 '믿음의 본질'인 예수 그리스도의 하나님 나라를 가정, 교회, 직장, 사회를 비롯한 모든 '믿음의 맥락'에서 확장할 하나님 나라의 백성을 부르고 계십니다. 이제 "나는 평범한 성도, 평신도니까"라는 고정관념을 버리고 각자 삶의 영역에서 하나님 나라를 확장하는 능동적이고 성숙한 '비범한 성도'로 성장하는 비전을 갖는 것이 이 시대 모든 성도를 향한 하나님의 뜻이라고 믿습니다.

그러나 스스로 하나님 나라의 관점에서 능동적 성경 읽기를 하기란 쉽지 않은 것이 현실입니다. 성경을 열심히 읽는 분들도 계시지만 주로 구절, 장 단위의 성경 읽기와 개인적 삶에 적용하는 선에서 끝나는 경우가 많습니다. 그러다 보니 오랜 신앙생활에도 불구하고 삶의 현장에서 능동적이고 성숙한 모습으로 살아가지 못하는 목회자 의존적인 그리스도인이 많습니다. 특히, 최첨단 미디어에 익숙한 젊은 세대는 성경 읽기 자체를 어려워하고 있는 상황입니다. 오늘날 한국 기독교가 위축된 주된 원인을 저는 평신도가 성경을 전체적으로 충분히 읽어내지 못하기 때문이라고 생각합니다.

약 500년 전 종교개혁 이전 상황도 비슷했습니다. 중세 시대에 라틴어로 쓰인 성경은 사제들만 해석할 수 있었습니다. 평신도가 성경을 못 읽는 시대는 결국 영적 암흑시대(Dark Age)가 되었습니다. 성경이 독일어로 번역되어 평신도가 직접 성경을 읽을 수 있게 되자 기독교 신앙의 본질을 회복하려는 종교개혁 운동이 일어나기 시작한 것은 우연이 아닐 것입니다. 오늘날에도 평신도들이 성령님의 인도하심을 따라 직접 성경을 읽어낸다면 다시 한 번 21세기 버전의 종교개혁과 부흥의 새 역사를 쓰게 될 것이라고 확신합니다.

• 평신도가 성경과 삶에서 발견한 하나님 나라

전문가들이 쓴 탁월한 신앙서적들이 이미 많은 상황에서 이 책을 쓴다는 것이 교만이 아닐까라는 고민도 했습니다. 그러나 수준 높은 신앙서적들을 읽기 어려워하시는 분들이 주변에 많이 계시고, 이단의 유혹에 넘어가는 분들도 보면서 평신도의 관점에서 성경을 평범한 언어로 풀어낸 책이 있으면 나름대로 유익하겠다는 결론을 내리게 되었습니다. 이런 배경에서 평신도인 제가 성경과 삶 속에서 발견한 하나님 나라의 이야기를 이 책에 담았습니다. 오랜 기간 신앙생활을 하면서도 성경을 전체적으로 읽어본 적이 없는 분들을 포함하여 성경 읽기가 익숙하지 않은 모든 분들께 이 책을 권해드리고 싶습니다. 목회자분들도 이 책을 통해 평신도들의 관점에 대해 이해의 폭을 넓힐 수 있는 유익한 기회가 될 것입니다. 또한 교회에 나가지 않는 분들도 기독교의 핵심을 파악하시는데 도움을 받으실 수 있을 것입니다.

특별히 이 책은 내면의 성찰을 촉진하는 코칭방식의 소그룹 또는 일대일 활동을 위해 준비되었습니다. 말씀에 자신의 삶을 비춰보고, 질문과 토론, 피드백을 받는 과정에서 진리의 말씀이 영혼 깊숙이 새겨지고 삶의 현장에서 말씀을 적용할 수 있는 역량을 기르는 획기적인 계기가 될 것입니다. 각 장 주제별 코칭을 위한 참고자료와 질문지가 필요하신 분은 이메일(jywest@gmail.com)로 요청하시면 무료로 받아보실 수 있습니다. 책과 토론자료를 분리한 이유는 시시각각 변하는 구체적인 삶의 역동성을 한 권의 책에 담아내는데 큰 한계를 느꼈기 때문입니다.

이 책은 누구나 성경을 읽으면서 한번쯤은 궁금해할 수 있는 주제들을 평신도의 관점에서 다뤘다는 데 의미가 있습니다. 그러나 여전히 아쉬운 점은 이 책에 담긴 내용이 성경 전체에 비하면 극히 일부에 불과하다는 것입니다. 대신 이 책보다 더 깊이 있고 포괄적인 신앙서적들을 참고문헌에 담았으니 읽어보시길 권해드립니다. 더 나아가 하나님 나라의 관점에서 성경을 통독해보시길 강력하게 추천합니다. 종교개혁 500주년을 맞이하는 뜻깊은 이 시점에서, 한국교회 성도들이 하나님 나라의 '왕 같은 제사장'들로 세워지는 데 조그만 도움을 드리는 책이 될 수 있기를 간절히 기도합니다.

1부

믿음의 본질을 지키는 성경의 기본기

1부에서는 성경이 담고 있는 핵심 주제들인 삼위일체 하나님, 천지창조, 사람의 범죄와 타락, 예수 그리스도를 통한 구원, 순종과 믿음, 흔히 오해받고 왜곡되는 우리를 향한 하나님의 마음에 대해 이야기를 나누면서 기독교 신앙의 본질을 지키는 성경의 기본기를 점검해보겠습니다.

1. 하나님: 보이지 않는 하나님을 어떻게 믿을 수 있는가?
2. 죄: 선하신 하나님께서 창조하신 사람이 왜 죄를 범했는가?
3. 구원: 왜 예수님을 믿어야 구원을 얻을 수 있는가?
4. 자유: 하나님께서는 사람에게 완전한 자유를 주셨는가?
5. 심판: 하나님께서는 왜 노아의 홍수로 세상을 멸망시키셨는가?
6. 믿음: 하나님께서는 왜 아브라함에게 외아들 이삭을 죽이라고 하셨는가?
7. 하나님의 마음: 사람을 향한 하나님의 마음은 무엇인가?

1 하나님: 보이지 않는 하나님을 어떻게 믿을 수 있는가?

기독교 신앙을 처음 접했을 때 혹시 '눈에 보이지 않는 하나님을 어떻게 믿으라는 것인가?'라는 의문을 가져본 적은 없으십니까? 성경은 오늘도 변함없이 '보이지 않는' 하나님을 믿을 것을 요구하고 있습니다. 눈으로 직접 볼 수 있는 모습이나 과학적 증거를 요구하는 이 최첨단 시대에 보이지 않는 하나님을 어떻게 믿을 수 있을까요? 1장에서는 창세기부터 요한계시록까지 성경이 일관성 있게 증거하는 하나님의 형상을 주제로 기독교 신앙의 본질에 대한 이야기를 시작해보겠습니다.

1) 하나님의 형상 vs. 우상

- **사람, 하나님의 형상을 닮은 자녀로 창조되다**

태초에 하나님이 천지를 창조하시니라(창 1:1)

성경을 펼치면 처음 읽게 되는 이 말씀은 이 세상이 우연히 발생했거나 시작도 끝도 없이 순환하는 것이 아니라, 하나님께서 특정한 시작점(태초)에 창조하셨다는 진리를 선포합니다. 사도 바울은 만물에 분명히 드러나는 하나님의 존재와 창조의 능력을 아무도 부인할 수 없다고 단언합니다.

창세로부터 그의 보이지 아니하는 것들 곧 그의 영원하신 능력과 신성이 그가 만드신 만물에 분명히 보여 알려졌나니 그러므로 그들이 핑계하지 못할지니라(롬 1:20)

또한, 이 세상에 시작이 있다는 창세기 1장 1절의 가르침을 통해 이 세상에 반드시 종말이 있을 것임을 알 수 있습니다. 이 짤막한 성경구절 안에 이 세상의 시작과 종말이라는 엄청난 의미가 내포되어 있습니다. 이 말씀을 통해 우리는 하나님을 우주만물의 창조주이시며 역사의 처음과 마지막을 주관하시는 내 모든 삶의 주인으로 섬기는 것이 사람의 본분임을 깨닫게 됩니다.

창세기의 저자는 곧이어 하나님께서 사람을 창조하시는 장면을 집중적으로 부각시킵니다.

하나님이 자기 형상 곧 하나님의 형상대로 사람을 창조하시되 남자와 여자를 창조하시고 하나님이 그들에게 복을 주시며 하나님이 그들에게 이르시되 생육하고 번성하여 땅에 충만하라, 땅을 정복하라, 바다의 물고기와 하늘의 새와 땅에 움직이는 모든 생물을 다스리라 하시니라(창 1:27-28)

사실 어렸을 때부터 이 말씀을 많이 읽었지만 그때마다 특별한 감흥이 없이 넘어가곤 했습니다. 이 말씀의 의미를 생생하게 깨닫게 된 것은 결혼 후 첫아이가 태어났을 때입니다. 아빠인 저를 꼭 빼닮은 아들의 모습을 보면서 느꼈던 감동이 오랜 시간이 지난 지금도 생생합니다. 사람이 하나님을 닮은 형상으로 창조되었다는 말씀은 자녀가 부모를 닮는 것처럼 사람이 하나님의 자녀라는 의미입니다. 아직도 이 말씀의 의미가 실감이 나지 않는 분들께 다시 말씀드리자면, 성경은 하나님께서 여러분을 '신의 아들/딸'로 창조하셨다고 가르치고 있다는 것입니다!

계속 이어지는 명령들을 보면 하나님께서 자녀인 사람에게 부여하신 존귀한 신분과 사명들이 어떤 것인지도 분명하게 알 수 있습니다. 먼저 "다스리라"는 명령은 사람이 하나님을 대리하여 세상을 통치하는 권한을 위임받았음을 의미합니다. "정복하라"는 말씀 역시 왕에게 부여된 사명을 뜻하는 표현입니다. 즉, 사람에게는 하나님의 공의와 사랑으로 온 세상을 정복하고 통치하는 사명이 부여되었습니다. "땅에 충만하라"는 명령 역시 하나님의 거룩하신 형상을 닮은 사람들로 가득한 선하고 아름다운 세상을 이루라는 의미입니다.

사람에게 부여된 신분은 왕뿐만이 아닙니다. 아담은 최초의 성전이었던 에덴동산에서 일하는 '제사장'[1]이었습니다.

여호와 하나님이 그 사람을 이끌어 에덴동산에 두어 그것을 경작하

---

1 『태초의 첫째 아담에서 종말의 둘째 아담 그리스도까지』. 존 페스코 저. 2012. p. 72. 부흥과개혁사.

며 지키게 하시고(창 2:15)

이 말씀에서 "경작하다"는 단순히 농사를 짓는다는 의미를 넘어서 '예배하다', '섬기다', '가꾸다'라는 의미를 가지고 있습니다. 따라서 제사장 아담은 성전 에덴에서 창조주 하나님께 '예배'드리며 하나님과 교제하고 동행하는 축복을 누릴 수 있었습니다. 예배를 통해 부어지는 축복과 사랑의 능력으로 아담은 자신이 다스리는 피조물들에게 축복을 나눠주고 사랑으로 섬기며 이 세상을 아름답게 가꾸는 제사장 역할을 수행할 수 있었습니다. 앞서 주신 "땅을 정복하라"는 명령은 바로 하나님께 받은 축복을 온 세상에 확장하기 위한 것이었습니다. 또한, "지키게 하시고"라는 표현은

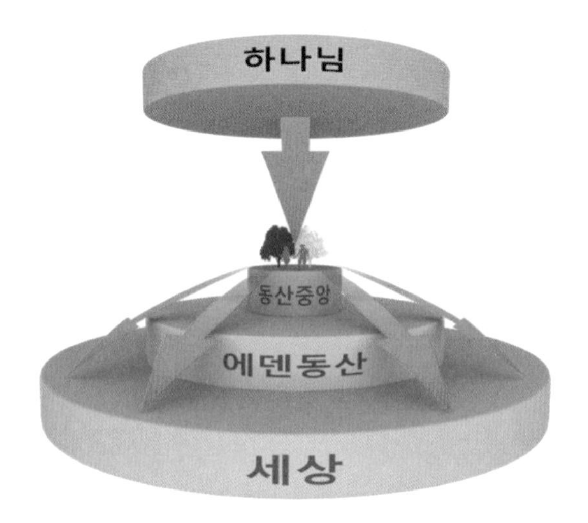

<그림 1> 창조 당시 세상

아담과 하와는 동산 중앙에서 경험하는 하나님의 임재와 능력으로 피조물들을 다스리며, 생육하고 번성하여 하나님의 형상을 닮은 사람들로 온 세상을 가득 채우는 '왕 같은 제사장'으로 지음 받았다.

아담이 하나님의 진리의 말씀으로 에덴을 악으로부터 정결하게 지키는 역할도 수행했다는 것을 의미합니다.

사람의 '존재적 가치(be-value)'에 대해 창세기보다 더 확고한 근거를 제시하는 기록을 보신 적이 있습니까? 내가 하나님의 사랑과 축복을 받는 하나님의 자녀, 상속자이자 하나님께 받은 사랑과 축복을 세상에 전하는 왕과 제사장이라는 성경말씀에서 그 어떤 무시, 비웃음, 조롱이나 부정적인 평가에도 흔들리지 않는 굳건한 자아정체성과 자신의 고귀한 가치를 발견할 수 있습니다.

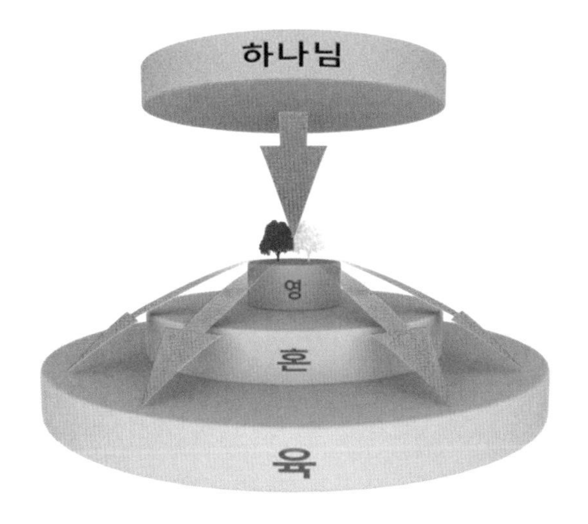

<그림 2> 창조 당시 사람

창조 당시 사람은 하나님과의 영적 교제를 통해 경험하는 하나님의 임재와 통치권을 혼과 육의 영역까지 확장하여 영·혼·육이 전인적으로 하나님께 순종하는 성숙한 하나님의 자녀로 성장해나가도록 창조되었다.

• 하나님의 형상을 상실한 사람

그렇다면 하나님의 자녀인 우리가 왜 아버지이신 하나님을 직접 볼 수 없는 것일까요? 그 이유는 아담과 하와에게 심각한 문제가 발생했기 때문입니다.

> 그들이 그 날 바람이 불 때에 동산에 거니시는 여호와 하나님의 소리를 듣고 아담과 그의 아내가 여호와 하나님의 낯을 피하여 동산 나무 사이에 숨은지라(창 3:8)

이 말씀을 보면 하나님께서 에덴동산에 직접 찾아오셔서("동산에 거니시는") 아담과 하와를 만나 대화하시며 교제하셨다는 것을 알 수 있습니다. 그러나 사람은 금지된 선악과를 먹는 죄를 범하여 하나님 앞에 나아가지 못하는 처지가 되었습니다("낯을 피하여"). 우리가 하나님을 볼 수 없는 이유는 하나님께 불순종한 죄로 인해 하나님과의 관계가 단절되었기 때문입니다.

죄를 지은 사람은 '하나님의 자녀', '왕', '제사장' 신분을 모두 잃어버리고 에덴동산에서 쫓겨나고 말았습니다. 하나님의 형상을 잃어버린 사람이 겪어야 하는 결과는 참담했습니다. 먼저, 사람은 하나님과의 관계 안에서 누리던 자신의 절대적인 존재적 가치(be-value)를 잃어버렸습니다. 그 대신 상대적인 능력(do-value)과 소유(have-value)로 자신의 가치를 매기게 되었습니다. 그 결과 끊임없이 다른 사람과 비교하면서 내 능력이나 소유가 더 많으면 교만해지고, 반대로 더 뛰어난 사람을 만나면 열등감이나 질투에 빠집니다.

또한 사람은 더 이상 하나님께 무한한 생명과 자원을 공급받을 수 없게 되었습니다. 그 결과 땀 흘려 일하면서 부족한 자원을 놓고 다른 사람들과 치열한 경쟁을 벌여야 했습니다. 그로 인해 다툼과 분쟁, 전쟁이 그칠 날이 없는 세상이 되었습니다. 경쟁에서 승리한 사람들이 부와 권력을 거머쥐면서 패배한 사람들을 압제하며 심지어는 노예로 부리는 약육강식의 세상이 되었습니다.

- **이스라엘 백성의 금송아지 우상숭배**

하나님과의 관계가 단절되어 궁핍한 처지가 된 사람의 다음 선택은 무엇이었을까요? 사람은 자신의 부족함을 채워줄 것 같은 강한 사람이나 생물들을 눈에 보이는 형상으로 만들어 섬기기 시작했습니다. 이것이 바로 '우상(idol)'입니다. 사람이 정복하고 다스려야 할 피조물들이 거꾸로 숭배할 존재들로 뒤바뀐 것입니다.

> 스스로 지혜 있다 하나 어리석게 되어 썩어지지 아니하는 하나님의 영광을 썩어질 사람과 새와 짐승과 기어다니는 동물 모양의 우상으로 바꾸었느니라(롬 1:22-23)

온 세상이 하나님을 버리고 우상을 숭배하며 어두움으로 물들어갔습니다. 하나님 자리를 대신 차지한 강자들이 약자들을 압제하기 시작했습니다. 신으로 군림한 이집트(애굽) 파라오의 압제 밑에서 이스라엘 백성도 430년 동안 비참한 노예 상태로 지내고 있었습니다. 그러나 그들의 간절한 기도에 응답하신 하나님께서는 모세를 보내셔서 파라오를 굴복시키시고 이스라엘 백성을 해방시키셨습니다. 약속의 땅 가나안에 들어간 이스라엘 백성에게 하나님께서는 아담의 타락으로 잃어버린 성전 에덴동산을 거룩한 '제사장 나라'로 회복시키는 사명을 주셨습니다.

> 세계가 다 내게 속했나니 너희가 내 말을 잘 듣고 내 언약을 지키면 너희는 모든 민족 중에서 내 소유가 되겠고 너희가 내게 대해 제사장 나라가 되며 거룩한 백성이 되리라 너는 이 말을 이스라엘 자손에게 전할지니라(출 19:5-6)

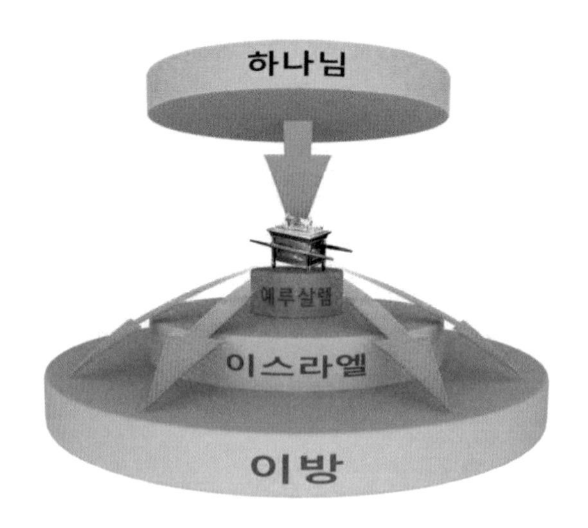

<그림 3> 제사장 나라 이스라엘

아담이 세상을 섬기는 에덴의 제사장이었던 것처럼 이제 이스라엘이 하나님의 통치와 축복을 예루살렘과 이스라엘을 넘어 이방으로 확장하는 '제사장 나라'로 세워졌다.

이집트에서 수많은 우상에 둘러싸여 살았던 이스라엘 백성은 하나님께서도 눈에 보이는 형상으로 나타나실 줄 알았습니다. 그러나 하나님께서는 자신의 형상을 물질적 형태로 표현하는 것을 엄하게 금지하셨습니다.

> 너를 위해 새긴 우상을 만들지 말고 또 위로 하늘에 있는 것이나 아래로 땅에 있는 것이나 땅 아래 물속에 있는 것의 아무 형상이든지 만들지 말며(출 20:4)

그 이유는 사람이 만들어내는 하나님의 형상이 자신의 욕심을 채우기 위해("너를 위해") 만들어내는 우상에 불과하기 때문입니다. 그러나 이스라엘 백성은 모세가 시내산에서 십계명을 받고 있는 틈을 타서 기어코 금송아지 우상을 만들어내고 말았습니다.

> 아론이 그들의 손에서 그 고리를 받아 부어서 각도로 새겨 송아지 형상을 만드니 그들이 말하되 이스라엘아 이는 너희를 애굽 땅에서 인도하여 낸 너희 신이로다 하는지라(출 32:4)

놀라운 사실은 이스라엘 백성이 금송아지 우상을 가리켜 "너희를 애굽 땅에서 인도하여 낸 너희 신", 즉 '하나님'이라고 불렀다는 사실입니다. 우리는 보통 우상숭배가 하나님을 버리고 다른 신을 섬기는 것이라고 생각합니다. 그러나 이스라엘 백성이 보여주는 우상숭배의 본질은 내 욕망과 하나님의 형상을 적당히 혼합해 놓은 우상을 만들어놓고 그 우상을 "하나님!"이라고 섬기면서 하나님을 잘 섬기고 있다는 착각 속에 빠지는 것입니다. 이스라엘 백성이 스스로 보기 원하여 만들어낸 형상은 하나님이 아닌 금송아지 우상이었습니다.

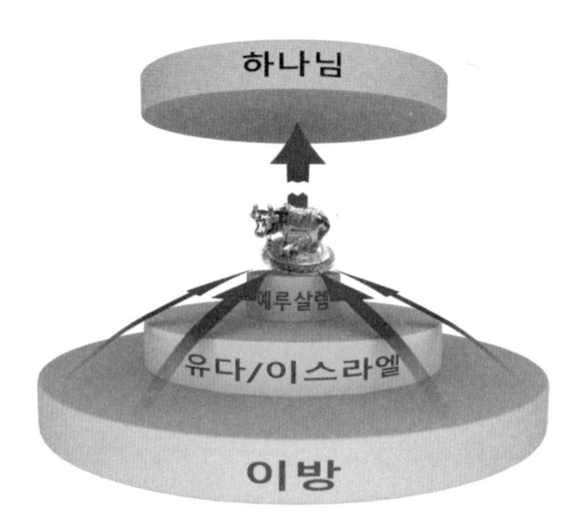

<그림 4> 타락한 이스라엘

제사장 나라 이스라엘은 선악과나무 금지명령을 어기는 불순종으로 에덴동산을 빼앗긴 아담의 전철을 밟았다. 이스라엘은 하나님을 버리고 우상을 숭배하며 선민의식에 사로잡혀 교만해져서 하나님의 임재와 통치권을 이방으로 확장하는 사명 수행에 실패했다. 그 결과 남북으로 분단되었으며 거꾸로 이방 제국(앗수르, 바벨론)들의 침략을 받아 멸망당하고 만다. 이때 수많은 이스라엘 백성이 포로가 되어 앗수르와 바벨론으로 끌려가면서 이스라엘은 축복의 땅을 상실하게 된다.

이처럼 구약성경의 역사는 하나님을 거부하고 떠난 사람이 겪게 된 불행한 결과들을 여실히 보여줍니다. 그렇다면 이제 이 세상에는 어떤 희망이 남아 있는 것일까요?

2) 예수 그리스도께서 드러내신 하나님의 형상

- 나를 본 자는 하나님을 보았다

이스라엘의 멸망은 스스로의 힘으로 하나님의 거룩하신 형상을 회복할 수 없는 사람의 절망적인 상태를 보여주었습니다. 이 모든 인간적인 소망이 사라져갈 때 하나님께서는 오래전부터 준비해 오신 구원계획을 실행에 옮기셨습니다. 그것은 하나님의 아들 예수 그리스도께서 이 땅에 직접 오셔서 하나님의 거룩하신 형상을 회복시키신 놀라운 사건이었습니다. 구약시대가 막을 내리던 약 2천 년 전 이 땅에 오신 예수 그리스도는 하나님을 보여달라는 제자 빌립의 요청에 이렇게 답하셨습니다.

> 예수께서 이르시되 빌립아 내가 이렇게 오래 너희와 함께 있으되 네가 나를 알지 못하느냐 나를 본 자는 아버지(하나님)를 보았거늘 어찌하여 아버지를 보이라 하느냐(요 14:9)

이것은 정말로 깜짝 놀랄 만한 선언이었습니다. 지금 예수님께서는 사람들이 그토록 궁금해하던 하나님의 형상이 바로 자신이라고 선언하고 계신 것입니다. 사도 바울 역시 예수님이 "하나님의 형상"이라고 선포하고 있습니다.

> 그(예수 그리스도)는 보이지 아니하는 하나님의 형상이시요 모든 피조물보다 먼저 나신 이시니(골 1:15)

예수님께서는 그 어떤 물질적 형태나 우상으로도 표현할 수 없는 하나님의 형상을 이 세상에 온전히 드러내셨습니다. 사람들은 하나님이 죄인들에게 진노를 발하시는 무서운 분으로만 알고 있었습니다. 그러나 제자들의 발을 씻기시고 십자가에서 희생당하시는 예수님을 통해 사람들은 드디어 그동안 볼 수 없었던 하나님의 진정한 형상을 볼 수 있게 되었습니다.

- 부활하신 예수 그리스도의 영광스러운 형상

<그림 5> 십자가 위의 예수 그리스도

많은 사람이 머릿속에 떠올리는 예수님은 십자가 위에서 고통당하는 연약한 형상입니다. 죄인인 우리를 위한 예수님의 희생을 기억하면서 감사하는 것은 당연합니다. 그러나 "하나님의 형상"이신 예수님이 항상 피 흘리며 십자가에 매달려 있는 모습일까요?

예수님께서는 십자가에서 돌아가신 후 사흘 만에 무덤에서 일어나 부활하셨습니다. 아담의 범죄 이후 이 세상의 근본적 문제였던 '죽음'을 이기신 것입니다. 부활하신 예수님의 형상은 '하늘과 땅의 모든 권세'를 하나님께 위임받으신 영광스러운 통치자, 왕의 모습이었습니다.

> 예수께서 나아와 말씀하여 이르시되 하늘과 땅의 모든 권세를 내게 주셨으니(마 28:18)

로마 제국의 핍박으로 밧모섬에 유배되었던 사도 요한은 환상 가운데 그런 통치자의 모습을 하신 예수님을 만났습니다.

> 촛대 사이에 인자 같은 이(예수님)가 발에 끌리는 옷을 입고 가슴에 금띠를 띠고 그 머리와 털의 희기가 흰 양털 같고 눈 같으며 그의 눈은 불꽃같고 그의 발은 풀무에 단련한 빛난 주석 같고 그의 음성은 많은 물소리와 같으며 그 오른손에 일곱 별이 있고 그 입에서 좌우에 날선 검이 나오고 그 얼굴은 해가 힘있게 비취는 것 같더라(계 1:13-16)

부활하셔서 하나님의 우편에 앉으신 예수님의 형상은 이렇게 위엄이 넘치는 왕의 모습입니다. 예수님의 위엄이 얼마나 엄청났던지 사도 요한은 "엎드러져 죽은 자 같이" 되고 말았습니다.

> 내가 볼 때에 그 발 앞에 엎드러져 죽은 자 같이 되매 그(예수 그리스도)가 오른손을 내게 얹고 이르시되 두려워하지 말라 나는 처음이요 마지막이니(계 1:17)

여러분의 머릿속에 그리는 예수님의 형상은 과연 성경이 증거하는 정확한 모습입니까? 십자가 위에서 희생당하셨던 일시적인 모습을 제외하면 예수님의 참 형상은 부활하셔서 장차 "능력과 큰 영광"으로 이 땅에 다시 오실 왕의 모습입니다.

---

3) 하나님의 형상을 드러내는 하나님의 자녀들

- **하나님의 형상을 세상에 드러내는 성도와 교회**

예수 그리스도는 에덴동산에서 아담이 범죄하여 잃어버린 하나님의 형상을 완벽하게 이 땅에 드러내신 성자 하나님이십니다. 사랑하는 사람을 살리시기 위해 십자가 희생을 기꺼이 감당하신 겸손하고 온유하신 분이면서도 위엄과 영광이 넘치는 만물의 통치자이십니다. 이런 분이 우리의 '구주(구원자이자 주인)'라는 사실이 얼마나 큰 축복인지요?

이제 우리는 하나님께서 그분의 형상을 눈에 보이는 모습으로 만들지 못하도록 금하신 이유를 알 수 있습니다. 그 어떤 물질로도 존귀하고 아름다운 하나님의 형상을 표현할 수 없기 때문입니다. 보이지 않는 하나님의 형상을 온전히 볼 수 있는 유일한 방법은 하나님의 형상이신 예수님을 믿는 방법밖에 없습니다.

성경은 예수 그리스도를 믿는 우리도 그와 같은 영광스러운 형상으로 변화될 것이라고 말하고 있습니다.

> 우리가 다 수건을 벗은 얼굴로 거울을 보는 것 같이 주의 영광을 보매 저와 같은 형상으로 화하여 영광으로 영광에 이르니 곧 주의 영으로 말미암음이니라(고후 3:18)

예수 그리스도를 영접하고 구원을 얻은 하나님의 자녀들 안에는 '하나님의 영'이자 '그리스도의 영'이신 성령님께서 오셔서 예수님의 형상을 닮아가도록 도와주십니다. 성숙한 하나님의 자녀로 성장해가는 이 과정을 '성화(sanctification)'라고 합니다.

> 하나님이 미리 아신 자들을 또한 그 아들의 형상을 본받게 하기 위해 미리 정하셨으니 이는 그로 많은 형제 중에서 맏아들이 되게 하려 하심이니라(롬 8:29)

예수의 형상을 닮은 하나님의 자녀들은 공동체로 연합하여 예수 그리스도를 머리로 섬기는 '교회'의 몸을 이루게 됩니다. 오늘날 교회와 성도들은 하나님의 통치가 이뤄지는 나라(하나님 나라)를 "모든 민족" 가운데 확장하고 하나님의 거룩한 형상으로 온 세상을 충만하게 채우는 '선교'의 사명을 수행하고 있습니다. 성부·성자·성령 삼위일체 하나님의 형상을 닮은 각 성도들과 교회 공동체를 통해 이 세상에 자신의 형상을 드러내시는 하나님의 섭리가 참으로 놀랍습니다.

• 하나님의 형상에서 우상을 제하라

그동안 여러분 마음속에서 그리던 하나님의 형상은 어떤 모습입니까? 이스라엘 백성은 금송아지를 하나님이라고 부르면서 경배했습니다. 오늘날 금송아지는 돈을 숭배하는 배금주의(맘모니즘)로 우리를 유혹하고 있습니다. 쾌락과 권력이라는 강력한 우상들도 있습니다. 그 외에도 나를 위해 하나님의 형상에 덧붙인 우상은 없는 것일까요? 오직 성경의 진리에 근거한 '믿음'으로 예수 그리스도를 믿을 때 우리 안에 오신 성령님의 도우심을 통해 보이지 않는 하나님의 '실상(실제 형상)'을 정확하게 볼 수 있습니다. 이것이 바로 성경이 말하는 기독교 신앙의 핵심 본질입니다.

> 믿음은 바라는 것들의 실상이요 보지 못하는 것들의 증거니(히 11:1)

요약

1. 천지를 창조하신 하나님께서는 사람을 자신의 형상을 닮은 사랑하시는 자녀로 창조하시고 왕과 제사장의 직책을 위임해주셨습니다. 그러나 사람은 선악과나무 열매를 먹지 말라는 하나님의 명령에 불순종하는 죄를 지어 하나님 자녀, 왕, 제사장 신분을 모두 상실했습니다.
2. 이스라엘 백성을 비롯한 세상 모든 사람은 우상을 비롯한 다양한 방법으로 하나님의 거룩하고 선하신 형상을 회복하려고 노력했으나 모두 실패했습니다. 그러나 하나님께서는 성자 예수 그리스도를 이 땅에 보내셔서 하나님의 진정한 형상을 회복시키셨습니다.
3. 예수님을 구주로 영접하여 구원받은 성도들 안에는 성령 하나님께서 거하시면서 하나님의 자녀 형상과 왕과 제사장 신분을 회복시키십니다. 성령의 인도하심을 받는 성도와 교회는 세상에 하나님의 형상을 드러냅니다.
4. 성경이 계시하는 하나님의 형상에 내 욕망을 추가하여 왜곡하는 것이 우상입니다. 하나님보다 더 소중하게 여기는 우상을 제거해야 하나님을 올바로 만날 수 있습니다.

묵상

어린 시절 저를 괴롭힌 것은 지독한 열등감이었습니다. 갈등이 심한 대가족 집안에서 자라면서 친구들이 우리 가정의 문제들을 알게 될까봐 두려웠고 창피했습니다. 외모에 대한 열등감도 심했습니다. 우수한 학생들이 많은 초등학교로 전학을 간 후 성적마저 떨어지자 자존감은 바닥으로 떨어지고 말았습니다.

이 지독한 열등감에서 벗어나기 시작한 것은 중학생 시절 예수님을 영접하고 나서부터입니다. 하나님께서 부족한 나를 자녀로 삼아주셨고 있는 모습 그대로 변함없이 사랑하신다는 성경의 가르침을 통해 저는 서서히 하나님 자녀로 회복되기 시작했습니다.

오랜 시간이 흐른 지금 40대가 되었는데도 참 못난 모습투성이입니다. 직장생활이나 사회생활을 하다 보면 나와 비교도 할 수 없는 뛰어난 사람들도 만나게 됩니다. 열심히 일을 하고 아껴쓴다고 해도 매달 은행 대출금 갚고 병원비와 아이들 교육비 등으로 쓰다 보면 어느새 마이너스통장 신세를 면할 길이 없습니다.

그러나 이제 저는 더 이상 제 능력이나 소유의 부족함 때문에 힘들어하지 않습니다. 나를 구원하신 예수 그리스도께서 성령으로 내 안에 함께하시며 날마다 존귀한 자녀임을 확인시켜주시고 왕관을 씌워주시며 제사장 옷을 입혀주십니다. 이렇게 제 존재가치(be-value)를 확인하면서 날마다 하나님과의 관계 속에서 풍성한 삶을 누리고 있습니다. 여러분은 하나님 안에서 여러분의 존재가치를 발견하셨습니까?

2 죄: 선하신 하나님께서 창조하신 사람이 왜 죄를 범했는가?

1장에서는 '창조-타락-구속을 통한 하나님 나라의 완성'이라는 성경의 큰 맥락을 살펴보았습니다. 죄를 지어 하나님의 형상을 상실한 사람을 회복시키시는 하나님의 은혜에 대해서도 알게 되었습니다. 그러나 여전히 궁금한 것은 '선하신 하나님께서 창조하신 사람이 어떻게 죄를 짓게 되었는가?' 하는 의문입니다. 2장에서는 이 세상을 죽음의 저주로 물들인 '죄'가 발생한 과정을 추적해보도록 하겠습니다.

1) 에덴동산에서 시작된 죄의 흑역사

• 두 나무 사이에 선 사람

창세기를 읽다 보면 누구나 한 번쯤 궁금해하는 부분이 있습니다. 하나님께서 에덴동산 중앙에 두신 '선악과나무' 이야기입니다. 하나님께서는 아담과 하와에게 이 나무의 열매를 절대 먹지 말라고 경고하셨습니다.

선악을 알게 하는 나무의 실과는 먹지 말라 네가 먹는 날에는 정녕 죽으리라 하시니라(창 2:17)

이 부분을 읽다 보면 우선 나무 열매를 먹은 것이 왜 죽어야 할 죄인지 모르겠고, 두 번째로 '정말 죽을 만한 죄라면 왜 그런 위험한 나무를 두셨을까?'라는 의문도 갖게 됩니다. 그러나 좀 더 자세히 살펴보면 한 가지 중요한 사실을 발견하게 됩니다.

여호와 하나님이 그 땅에서 보기에 아름답고 먹기에 좋은 나무가 나게 하시니 동산 가운데에는 생명나무와 선악을 알게 하는 나무도 있더라(창 2:9)

에덴동산 중앙에는 '생명나무'라는 또 하나의 특별한 나무가 있었던 것입니다. 아담과 하와는 선악과를 먹는 죄를 짓기 전 자유롭게 생명나무에 접근할 수 있었습니다. 이것은 사람이 영원히 사는 존재였다는 의미입니다. 그러나 선악과를 따먹은 후에는 생명나무가 금지되었습니다.

이같이 하나님이 그 사람을 쫓아내시고 에덴 동산 동편에 그룹들과 두루 도는 화염검을 두어 생명나무의 길을 지키게 하시니라(창 3:24)

많은 사람들이 왜 선악과나무가 금지되었는지 궁금해하지만, 생명나무를 주셨다는 더 중요한 사실은 놓치고 맙니다. 사람은 생명나무 앞에 설 때마다 하나님 말씀에 순종하는 것이 선이며 그 결과는 '영원히 사는 축복'이라는 것을 알 수 있었습니다. 반대로 선악과나무 앞에 설 때는 하나님께 불순종하는 것이 악이며 그 결과는 '죽음에 이르는 저주'라는 것도 분명히 알 수 있었습니다. 이렇게 선악의 기준을 순종과 불순종으로 알게 하는 나무였기 때문에 이름이 '선악을 알게 하는 나무'였던 것입니다.

저에게는 세 자녀가 있습니다. 아빠로서 사랑하는 자녀들에게 무엇이든 다 주고 싶은 마음입니다. 그러나 줄 수 없는 것이 하나 있습니다. 그것은 '아빠-자녀'라는 관계를 부정하는 것입니다. 이와 마찬가지로 하나님께서 선악과를 금지하신 것은 스스로 함부로 선악판단을 내리면서 하나님의 '창조주 아버지 되심'을 부정하면 안 된다는 당연한 요구였습니다. 사실 이것은 요구라고도 볼 수 없습니다. 나를 사랑하시는 전능하신 아버지 하나님을 거부하는 것이 얼마나 어리석은 선택입니까? 사람이 선악과를 먹는 선택을 했다는 것은 하나님을 아버지로 인정하지 않고 내 마음대로 살겠다는 일종의 '가출선언'이었습니다.

- **죄의 본질: 자기중심성**

선악과나무는 죄의 본질이 무엇인지 알려줍니다. 선악과를 따먹는다는 것은 '하나님을 내 아버지로 인정하지 않고 마치 내가 세상의 중심인 것처럼 사는 자기중심적인 삶'을 가리킵니다. 소극적인 개념의 죄는 하나님을 무시하는 태도로 나타나고 적극적인 죄는 반항하는 모습으로 나타납니다. 이 '원죄'의 결과가 세상에 존재하는 다양한 종류의 '죄악'들입니다. 하나님을 떠나 죄인이 되었기 때문에 온갖 죄악을 저지르게 되는 것입니다. 감기에 비유하자면 원죄는 바이러스 감염이라는 감기의 본질이고 미움, 거짓말, 살인 같은 죄악들은 콧물, 기침, 몸살 같은 감기의 증상들입니다.

하나님께서는 '영원한 생명'이라는 최고의 축복을 주셨지만 선악과를 따먹고 하나님을 떠난 사람은 오늘날까지도 스스로 하나님과 같은 영원한 생명과 무한한 힘을 소유하려고 끊임없이 시도하고 있습니다.

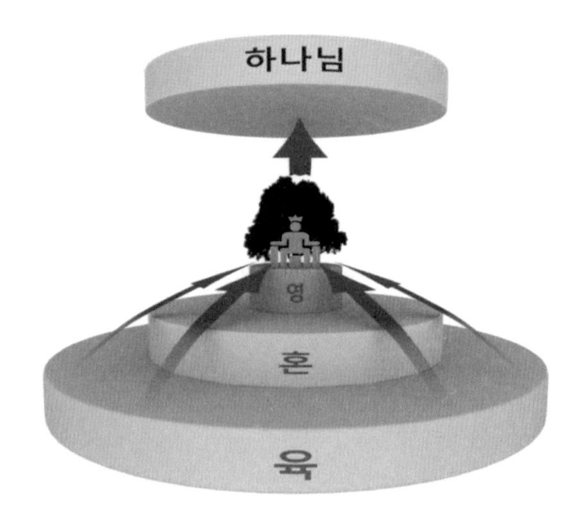

<그림 6> 타락 후 사람

선악과 금지명령을 어기고 하나님께 반역한 사람은 하나님의 통치를 거부하고 스스로 인생의 왕좌에 앉아서 자기중심적인 삶을 살게 되었다. 하나님과의 영적 교제가 단절되자 하나님의 임재와 통치를 받지 못하는 육체의 욕심이 거꾸로 사람의 혼과 영까지 지배하게 되었다.

2) 죄의 치명적 결과: 죄의 삯은 사망이라

• 동산에 스며든 악의 그림자

그렇다면 사람은 왜 선악과나무 열매를 따먹는 불행한 선택을 하게 된 것일까요? 하와를 찾아온 '뱀'에 대해 알아볼 차례입니다. 뱀은 하나님께서 지으신 들짐승 중 하나였습니다. 그런데 창세기에 등장하는 뱀은 단순한 짐승이 아닙니다. 사람과 대화하면서 죄를 짓도록 유혹하고 있습니다.

> …… 뱀이 여자에게 물어 이르되 하나님이 참으로 너희에게 동산 모든 나무의 열매를 먹지 말라 하시더냐(창 3:1)

뱀은 선악과나무를 제외한 모든 나무의 열매를 먹을 자유를 주신 하나님의 명령을 왜곡하면서 하나님이 하와의 모든 욕구를 억압하는 엄격한 분인 것처럼 선악과 금지명령을 과장하고 있습니다. 내가 마땅히 더 얻어야 할 권리와 자유를 얻지 못하고 있다는 억울한 마음을 갖도록 유도하며 지금 나에게 주어지지 않은 것에 시선을 고정시켜 스스로 불쌍하게 여기는 '자기연민'에 빠지게 하는 것입니다. 또한 뱀은 "반드시 죽으리라"는 하나님의 말씀에 대한 확신을 교묘하게 흔들고 있습니다("참으로 …… 하시더냐").

이렇게 하나님의 형상을 왜곡하고 하와의 의심을 극대화하는 뱀의 정체는 무엇일까요? 요한계시록은 이렇게 폭로하고 있습니다.

큰 용이 내쫓기니 옛 뱀 곧 마귀라고도 하고 사탄이라고도 하며 온 천하를 꾀는 자라 ……(계 12:9)

이 말씀에서 우리는 뱀의 정체가 하나님께 반역한 마귀(용, 사탄)이며 하와를 유혹한 것처럼 "온 천하를 꾀는" 자임을 알게 됩니다. 예수님께서도 마귀를 지목하여 이렇게 말씀하셨습니다.

…… 그는 처음부터 살인한 자요 진리가 그 속에 없으므로 진리에 서지 못하고 거짓을 말할 때마다 제 것으로 말하나니 이는 그가 거짓말쟁이요 거짓의 아비가 되었음이라(요 8:44)

뱀이라는 짐승의 형상으로 나타난 마귀는 거짓말로 사람을 속여 죽음에 이르게 한 살인자였습니다. 이렇게 거짓의 아비 마귀의 덫에 걸려버린 하와는 당황한 듯 이렇게 대답합니다.

여자가 뱀에게 말하되 동산 나무의 열매를 우리가 먹을 수 있으나 동산 중앙에 있는 나무의 열매는 하나님의 말씀에 너희는 먹지도 말고 만지지도 말라 너희가 죽을까 하노라 하셨느니라(창 3:2-3)

하와의 대답은 두 가지 심각한 문제를 담고 있습니다. 하와는 "먹지 말라"는 하나님의 명령에 "만지지도 말라"는 말을 마음대로 추가했습니다. 또한 열매를 먹으면 "반드시 죽으리라"고 단호하게 하신 말씀을 "죽을까 하노라"는 염려조의 말씀으로 축소했습니다. 하와의 모습을 통해 우리는 절대 진리인 하나님의 말씀을 진지하게 받아들이지 않고 내 생각을 마음대로 덧붙이는 것이 얼마나 무서운 결과를 초래하는지 알 수 있습니다.

하와가 진리의 말씀에 온전히 서지 못한 것을 확인한 뱀은 흔들리는 여자의 마음 깊숙이 파고듭니다("결코 죽지 아니하리라"). 그러면서 하나님이 선악과 같이 좋은 것을 사람에게 주기 싫어하는 인색한 분인 것처럼 하나님의 형상을 한층 더 왜곡합니다.

> 뱀이 여자에게 이르되 너희가 결코 죽지 아니하리라 너희가 그것을 먹는 날에는 너희 눈이 밝아 하나님과 같이 되어 선악을 알 줄을 하나님이 아심이니라(창 3:5)

하나님께서 열매를 금지시키신 것은 사람을 통제하기 위한 목적이 아니었습니다. 하나님은 이미 사람에게 주실 수 있는 최고의 선물인 생명나무를 허락하신 상태였습니다. 다시 말해 더 이상 주실 것이 없었습니다. 그러나 지금 주어진 영원한 생명보다 금지된 하나님 자리를 쟁취하는 게 더 중요하다는 뱀의 거짓말에 하와는 완전히 넘어가버렸습니다. 뱀의 설득에 넘어간 하와는 마음속 욕망을 행동으로 옮겨 열매를 따먹고 아담에게도 주어 먹게 합니다.

하와가 죄를 짓는 과정은 야보고서가 경고하는 죄의 발전 단계와 정확하게 일치합니다.

> 오직 각 사람이 시험을 받는 것은 자기 욕심에 끌려 미혹됨이니 욕심이 잉태한즉 죄를 낳고 죄가 장성한즉 사망을 낳느니라(약 1:14-15)

이처럼 죄는 욕심에 이끌려 미혹될 때 선악과나무 열매처럼 화려해 보입니다. 하나님께서 허락하지 않으신 저 열매만 얻으면 행복해질 것 같습니다. 그러나 야고보 사도는 "죄가 장성한즉 사망을 낳느니라"고 경고합니다. 이 경고는 하나님께서 선악과를 먹으면 "반드시 죽으리라"고 경고하신 말씀과 동일합니다.

- **무서운 죄의 대가: 관계 단절**

선악과 열매를 먹자 뱀의 말처럼 아담과 하와의 눈이 밝아진 것은 사실입니다. 그러나 그들이 뜬 눈은 육신의 눈이었고 반대로 영안은 멀어버렸다는 것이 뱀의 말과 다른 비극적 결과였습니다.

> 이에 그들의 눈이 밝아 자기들의 몸이 벗은 줄을 알고 무화과나무 잎을 엮어 치마를 했더라(창 3:7)

죄를 짓는 순간 영안이 멀어버린 사람은 영이신 하나님의 형상을 더 이상 볼 수 없게 되었습니다. 예전에는 하나님께서 찾아오시면 반갑게 맞이하곤 했지만 죄를 지은 후에는 하나님이 두려움의 대상이 되었습니다. 그래서 아담과 하와는 "하나님의 낯을 피하여 동산 나무 사이"에 숨었습니다(창 3:8).

하나님과의 관계가 단절되자 아담과 하와의 부부관계에도 금이 가기 시작했습니다. 벌거벗었지만 부끄러움이 없었던 남자와 여자는 이제 서로의 벗은 몸을 더 이상 있는 그대로 바라볼 수 없게 되었습니다. 그래서 그들은 무화과나무 잎사귀로 엉성한 옷을 만들어 죄로 인한 부끄러움을 가리려고 했습니다.

하나님께서 누가 선악과를 따먹었느냐고 물으시자 최초의 남자 아담은 이렇게 대답합니다.

아담이 가로되 하나님이 주셔서 나와 함께 하게 하신 여자 그가 그 나무 실과를 내게 주므로 내가 먹었나이다(창 3:12)

아담은 이런 말을 하고 싶었을 것입니다.

제 잘못이 아니고 저 여자 잘못입니다. 그리고 따지고 보면 하와를 저에게 주신 하나님 때문에 이렇게 된 것 아닙니까?

아담은 무책임한 남자의 시조였습니다. 아담의 제사장 책무는 에덴동산을 하나님의 말씀으로 정결하게 '지키는' 것이었습니다. 그러나 그는 하나님의 말씀으로 뱀과 싸워서 아내를 지킬 생각은 하지 않고 오히려 아내가 건네주는 선악과를 먹었습니다. 선악과를 먹은 후에는 하와를 책임져야 할 자신의 신분을 망각하고 아내와 하나님께 책임을 전가했습니다.

결국 선악과를 따먹고 사람이 얻어낸 것은 마귀의 약속과는 달리 수치와 두려움, '하나님-사람'과 '사람-사람' 사이의 관계가 단절되는 무서운 결과였습니다. 오늘날 부부, 가족, 친구, 조직구성원, 국가와 국가 간에 존재하는 상처, 갈등, 폭력, 분쟁, 전쟁 등 세상에 가득한 온갖 문제의 근본 원인은 죄로 인해 '하나님-나-너'가 연결된 사랑의 관계가 단절되었기 때문입니다.

• 온 땅에 임한 죽음의 저주

창조 당시 에덴동산에는 각종 열매가 풍성하게 열려 있었기 때문에 먹고살 걱정을 할 필요가 없었습니다. 그러나 사람의 죄로 인해 저주받은 땅은 이제 인생의 고난을 상징하는 가시덤불과 엉겅퀴를 내었습니다. 먹고살기 위해 남들과 치열하게 경쟁하며 일해야 하는 고달픈 인생이 된 것입니다.

> …… 땅은 너로 말미암아 저주를 받고 너는 네 평생에 수고하여야 그 소산을 먹으리라 땅이 네게 가시덤불과 엉겅퀴를 낼 것이라 네가 먹을 것은 밭의 채소인즉 네가 흙으로 돌아갈 때까지 얼굴에 땀이 흘러야 먹을 것을 먹으리니 네가 그것에서 취함을 입었음이니라 …… (창 3:17-19)

가장 큰 저주는 생명나무를 상실한 것이었습니다. 이 세상에 태어나는 아담의 모든 후손은 죄의 저주 가운데 살다가 영원히 죽을 수밖에 없는 비참한 상황에 처하게 되었습니다.

선하신 하나님께서 창조하신 세상이 왜 이 모양이고 나에게 어떻게 이런 불행한 일이 일어나게 할 수 있느냐고 질문하는 사람들이 있습니다. 그러나 하나님 잘못이 아니라 사람이 선악과나무의 불순종을 선택한 결과 죽음과 고통이 지배하는 오늘날과 같은 세상이 된 것입니다. 하나님을 떠난 이 세상에는 예상치 못한 불의의 사고와 질병, 천재지변, 굶주림 등 온갖 문제가 넘쳐나고 있습니다.

이 모든 죄에 관한 이야기는 바로 우리의 이야기입니다. 아담과 하와처럼 우리 모두는 하나님을 버리고 내 마음대로 사는 죄를 지었기 때문입니다. 하나님과의 관계를 끊어버린 죄의 대가로 우리는 사람들과의 관계와 먹고사는 문제에서 비롯되는 상처와 괴로움을 경험하면서 힘들게 살다가 결국 죽을 수밖에 없는 처지가 되었습니다.

하나님께서 창조주 아버지이심을 인정한다면 하나님의 기준인 말씀을 내 모든 가치 판단의 기준으로 삼는 것이 자녀의 본분입니다. 지금까지 내 감정과 욕구, 세상적 가치 판단 기준에 따라 살아온 죄를 진심으로 회개하고 예수님을 나의 구원자이자 인생의

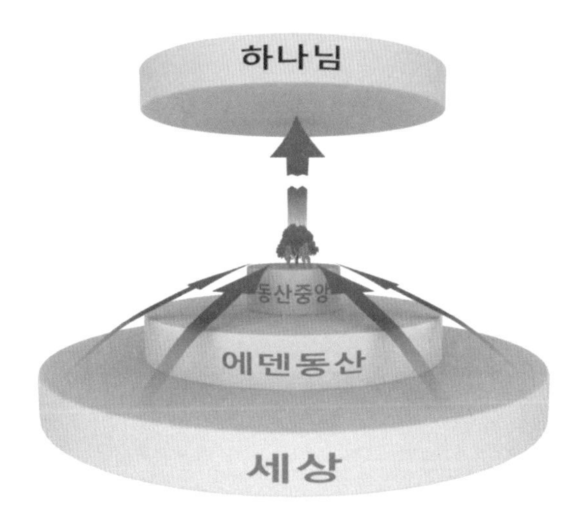

<그림 7> 사람의 타락 후 변화된 세상

하나님께 반역한 사람은 하나님의 임재와 통치권을 에덴동산 밖 세상으로 확장하는 사명을 수행하는 데 실패했다. 그 결과 세상도 사람의 통치를 벗어나 적대적으로 변했다. 농사를 지으려고 해도 가시덤불과 엉겅퀴가 올라오고 사나워진 들짐승들이 사람을 공격했으며 자연계도 사람의 통치를 벗어나 홍수, 가뭄, 지진, 해일 등 온갖 자연재해로 사람에게 고통을 주는 오늘날과 같은 세상이 되었다.

주인으로 영접할 때 영원한 생명나무의 축복이 회복될 것입니다.

> 그러므로 한 사람(아담)으로 말미암아 죄가 세상에 들어오고 죄로 말미암아 사망이 들어왔나니 이와 같이 모든 사람이 죄를 지었으므로 사망이 모든 사람에게 이르렀느니라(롬 5:12)

요약

1 사람은 생명나무의 축복(영원한 생명)을 버리고 금지된 선악과나무를 선택하여 하나님을 떠났습니다. 하와를 유혹하여 죄를 짓도록 충동한 옛 뱀의 정체는 마귀입니다.

2 죄의 본질은 창조주 아버지 하나님을 거부하고 내 마음대로 자기중심적 삶을 사는 것이며 이 죄로부터 세상의 모든 죄악이 비롯되었습니다. 사람의 범죄로 인해 하나님과의 관계가 단절되어 무한한 하나님의 생명과 자원 공급이 끊기게 되었습니다.

3 하나님께로부터 사랑의 공급이 끊기자 사람들 사이의 관계도 깨어졌습니다. 사람은 한정된 생명과 자원을 가지고 먹고살기 위해 치열하게 경쟁하고 다른 사람의 것을 빼앗거나 심지어 죽이기까지 합니다.

4 하나님께서 창조하신 세상은 행복이 가득한 곳이었지만 사람이 죄를 지은 후 세상은 미움과 다툼, 갈등, 분쟁, 전쟁, 천재지변과 예상치 못한 사고, 질병, 죽음이라는 불행이 가득한 오늘날과 같은 모습이 되었습니다.

묵상

중학생 시절 중등부 수련회에서 예수님을 제 구주로 영접하고 난 후 저는 뭔가 제 삶에 획기적인 변화가 있을 줄 기대했습니다. 그러나 일상생활 속으로 돌아온 저는 크게 실망했습니다. 변함없는 가정환경, 답답한 학교생활이 이어졌습니다. 제 못난 모습도 예전과 별로 다를 바 없었습니다. 중풍으로 쓰러져서 누워계시는 할머니의 병세도 차도가 없었습니다. 뉴스를 보면 홍수와 가뭄, 지진, 각종 사고가 일어나는 것을 보면서 마음속으로 선하신 하나님께서 왜 이렇게 이 세상에 고통을 주시는지 은근히 반감을 가지기도 했습니다. 그러나 고등학교 시절 창세기를 집중적으로 읽으면서 이 세상을 이 지경으로 만든 것은 하나님이 아니라 바로 하나님을 떠난 사람들이었음을 알 수 있었습니다.

창세기의 생명나무와 선악과나무는 오늘날 우리 모두에게도 동일하게 제시됩니다. 선악의 모든 판단기준을 하나님께 두고 하나님의 주권에 순종하여 생명나무의 영원한 생명의 축복을 누릴 수도 있고 하나님을 거부하고 내 기준으로 선악을 함부로 판단하는 불순종의 삶을 선택하여 영생의 축복을 잃어버릴 수도 있습니다.

결혼하여 자녀를 낳고 키워보니 하나님의 마음을 더욱 깊이 깨닫게 됩니다. 다 잘해주다가도 한 번만 자신이 원하는 것을 안 해주면 떼쓰며 불만을 갖는 어린 자녀들을 보면서 생명나무의 축복에 눈을 감고 오직 단 한 가지 선악과나무의 금지명령에 불만을 가졌던 아담과 하와의 모습을 발견합니다. 생명나무와 선악과나무 사이에 선 여러분의 선택은 무엇입니까?

3 구원: 왜 예수님을 믿어야 구원을 얻을 수 있는가?

2장에서는 사람이 죄를 지어 하나님께서 주신 축복을 상실하고 죽음의 저주 가운데 살게 된 비참한 현실에 대해 생각해보았습니다. 그런데 아담과 하와가 무화과나무 잎사귀만 걸친 채 에덴동산 밖으로 쫓겨나는 상황에서 한 가지 주목할 만한 장면이 나옵니다. 하나님께서 따뜻한 가죽옷을 지어 사람에게 입히신 것입니다.

> 여호와 하나님이 아담과 그 아내를 위해 가죽옷을 지어 입히시니라 (창 3:21)

죄 없는 짐승의 희생으로 사람의 수치를 대신 가린 '가죽옷'이 무엇을 상징하는 것일까요? 3장에서는 하나님께서 죽음의 저주 가운데 놓인 사람에게 베푸신 '구원'의 은혜에 대해 알아보겠습니다.

1) 예수 그리스도를 통한 하나님의 구원

• 여자의 후손은 누구인가?

하나님께서는 하와를 유혹한 뱀을 심판하시면서 '여자의 후손'이 '뱀의 후손' 머리를 상하게 하시겠다고 선언하셨습니다.

> 내가 너로 여자와 원수가 되게 하고 네 후손(뱀의 후손)도 여자의 후손과 원수가 되게 하리니 여자의 후손은 네 머리를 상하게 할 것이요 너는 그의 발꿈치를 상하게 할 것이니라 하시고(창 3:15)

여기서 여자의 후손은 누구를 지칭하는 것일까요? 또한 여자의 후손이 있다면 남자의 후손도 있다는 말일까요?

남자의 후손이 누구인지 이해하는 것은 어렵지 않습니다. 하나님께서는 아담을 인류의 대표로 지으셨습니다. 하와가 선악과를 먼저 먹었는데도 하나님께서 아담에게 책임을 물으신 이유가 여기에 있습니다. 따라서 아담 이후 태어난 모든 남녀는 아담/남자의 후손입니다. 그런데 인류 역사상 남자의 영향 없이 예외적으로 이 땅에 태어난 한 사람이 있습니다. 구약시대인 기원전 739~680년경에 활동했던 선지자 이사야는 이렇게 예언했습니다.

> 그러므로 주께서 친히 징조로 너희에게 주실 것이라 보라 처녀가 잉태하여 아들을 낳을 것이요 그 이름을 임마누엘이라 하리라(사 7:14)

하나님께서 창세기에서 선언하신 '여자의 후손'을 통한 구원 계획은 이사야를 비롯한 구약시대의 여러 선지자를 통해 더욱 구체적으로 예언되었고 이삭, 여호수아, 다윗 등과 같은 상징적 인물들로도 예고되었습니다. 하나님께서 정하신 때가 되자 예수님께서 동정녀(처녀) 마리아의 몸에 성령으로 잉태되어 이 땅에 태어나심으로써 모든 구약성경의 예언과 예고들이 성취되었습니다.

> 예수 그리스도의 나심은 …… 그 모친 마리아가 요셉과 정혼하고 동거하기 전에 성령으로 잉태된 것이 나타났더니(마 1:18)

그렇다면 이제 '여자의 후손', 즉 처녀가 잉태하여 낳은 아들이 누구인지 분명해졌습니다. 그분은 아담의 죄로 인한 영향을 받지 않은 예수 그리스도이십니다. 죄가 없는 예수님께서는 사람의 죄를 대신하여 십자가에 못 박히는 형벌을 받으셨습니다. 이로써 '여자의 후손'을 통해 사람의 죄를 사해주시려는 하나님의 구원계획은 십자가 위에서 "다 이루었다"는 예수님의 선언으로 완벽하게 성취되었습니다.

> 예수께서 신 포도주를 받으신 후에 이르시되 다 이루었다 하시고 머리를 숙이니 영혼이 떠나가시니라(요 19:30)

- **예수님께서 이 땅에 오신 이유**

그렇다면, 예수님은 왜 남자의 영향을 받지 않기 위해 이렇게 비과학적인(?) 과정을 거쳐 이 땅에 오셔야 했을까요? 먼저 기억해야 할 것은 하나님이 온 우주만물을 공의로 다스리시는 질서의 하나님이라는 사실입니다. 하나님께 불순종하여 창조의 질서를 무너뜨린 사람의 죄를 결코 그냥 넘어가실 수 없었습니다. 그러나 동시에 하나님은 사람을 사랑하시는 아버지이십니다. 하나님께서는 공의와 사랑의 두 기준을 동시에 충족시킬 중대한 결단을 내리셨습니다. 그것은 죄가 없는 누군가가 사람들의 죄를 대신하여 징벌을 받는 것이었습니다. 문제는 아담의 후손인 모든 사람이 다 죄인이 된 상황에서 사람들의 죄를 대신 감당할 수 있는 사람이 단 한 명도 남아 있지 않다는 것이었습니다.

> 모든 사람이 죄를 범했으매 하나님의 영광에 이르지 못하더니(롬 3:23)

아담이 지은 죄가 모든 사람에게 영향을 미치는 이유는 인류의 시조이며 대표인 아담 안에 장차 태어날 모든 사람이 내포되어 있었기 때문입니다. 땅에 심긴 씨앗 속에 앞으로 자라날 나무에 붙은 모든 가지, 잎사귀, 꽃, 열매들이 내포된 것과 같이 죄인 된 아담 안에 있는 후손도 모두 죄인이 되었습니다.

죽은 씨앗 속에 있는 나무의 모든 구성요소가 죽을 수밖에 없는 것처럼 아담 안에 머물러 있는 모든 사람은 죄로 인한 죽음을 피할 방법이 없습니다. 결국 하나님께서 직접 사람의 죄를 감당하시기로 결심하셨습니다. 성부 하나님의 이러한 뜻에 순종하신 성자 예수님께서 죄가 없는 '여자의 후손'으로 이 땅에 오신 것은 바로 이런 이유 때문입니다.

죄가 없으신 예수님께서 사람들을 대신하여 혹독한 십자가 형벌을 감당하심으로써 구원의 길을 열어주셨습니다. 따라서 죄를 회개하고 예수 그리스도를 구주로 영접하는 모든 사람은 용서받고 하나님의 자녀 형상과 신분이 회복되어 영원히 사는 축복을 얻게 됩니다. 에덴동산에서 주어졌던 생명나무의 축복이 회복되는 것입니다.

> 영접하는 자 곧 그 이름을 믿는 자들에게는 하나님의 자녀가 되는 권세를 주셨으니(요 1:12)

---

2) 예수 그리스도를 통해 이뤄지는 하나님 나라

- 진정한 아담이자 새 인류의 시조이신 예수 그리스도

사도 바울은 예수님의 구원의 공로를 아담의 실패와 대비하여 다음과 같이 표현했습니다.

> 아담 안에서 모든 사람이 죽은 것 같이 그리스도 안에서 모든 사람이 삶을 얻으리라(고전 15:22)

아담이 죽은 씨앗이라면 예수 그리스도는 살아있는 씨앗입니다. 살아있는 씨앗 속에 담긴 나무의 구성요소들은 장차 생명을 얻게 되는 것처럼 죽은 씨앗 아담에게서 나와서 살아있는 씨앗이신 예수 그리스도 안으로 들어간 사람은 에덴동산에서 잃어버렸던 영원한 생명을 다시 얻게 됩니다. 예수님을 구주로 영접한 우리는 진정한 아담이신 예수님을 시조로 하는 "새로운 피조물", 즉 '새 사람'들로 구성된 '새 인류'의 대열에 합류하게 되었습니다.

> 그런즉 누구든지 그리스도 안에 있으면 새로운 피조물이라 이전 것은 지나갔으니 보라 새 것이 되었도다(고전 5:17)

- **하나님 나라를 소망하며**

예수 그리스도의 희생으로 이 땅에 심긴 생명의 씨앗은 싹을 틔워 굵은 밑동이 세워지고, 그 위로 뻗은 나뭇가지들에는 잎사귀가 가득하며, 여름에 큼직하게 성장한 열매들이 속으로 익어가고 있습니다. 이 나무의 비유처럼 이 땅에 이미 임한 하나님 나라는 지금도 계속 뻗어나가고 있으며 예수 그리스도께서 다시 오실 때 아름답게 완성될 것입니다. 우리가 구원을 받았다는 것은 '여자의 후손'이신 예수 그리스도의 십자가 공로로 영원한 생명을 누리는 하나님 나라에 참여하는 큰 은혜를 의미합니다.

> 또 비유를 들어 이르시되 천국은 마치 사람이 자기 밭에 갖다 심은 겨자씨 한 알 같으니 이는 모든 씨보다 작은 것이로되 자란 후에는 풀보다 커서 나무가 되매 공중의 새들이 와서 그 가지에 깃들이느니라(마 13:31-32)

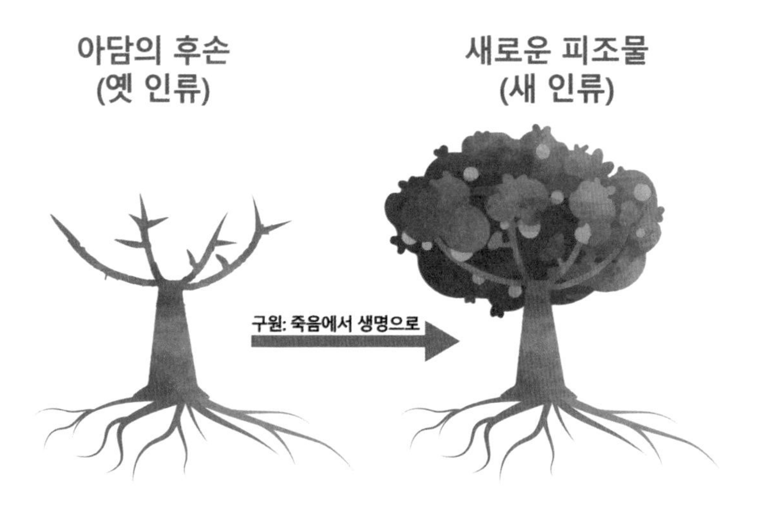

<그림 8> 아담과 예수 그리스도 비교

죽음의 씨앗인 아담 안에 있는 모든 인류는 태생적으로 죽을 수밖에 없는 운명이지만, 생명의 씨앗 예수 그리스도를 영접하면 죽음에서 생명으로 옮겨지는 하나님의 은혜를 얻게 된다. 두 번째 아담이신 예수 그리스도를 통해 새 생명을 얻은 성도는 새로운 피조물(고전 5:17)인 새 인류의 일원으로서 하나님 나라에서 영원히 사는 축복을 얻게 된다.

요약

1 하나님께서는 죄로 인한 죽음의 저주 가운데 있는 사람을 구원하시기 위해 죄가 없으신 하나님의 독생자 예수 그리스도를 이 땅에 보내주셨습니다. 죄인인 아담의 후손이 아닌 '여자의 후손'으로 이 땅에 오신 예수 그리스도께서는 십자가 부활로 뱀의 후손인 마귀의 권세를 무너뜨리셨습니다. 따라서 하나님께서 보내신 구원자 예수 그리스도를 믿어야만 죄 사함과 구원을 얻을 수 있습니다.

2 아담은 죄인들의 시조가 되었지만, 예수 그리스도께서는 죄가 없는 새 인류의 시조가 되셨습니다. 예수 그리스도께서는 이 세상의 마지막 날에 다시 오셔서 이미 이 땅에 임한 하나님 나라를 완성하실 것입니다.

3 구원받은 하나님의 자녀들인 성도들은 하나님의 온전한 형상이신 예수 그리스도를 삶의 본으로 따라 사는 사람들입니다. 성도들은 예수 그리스도께서 영원히 통치하시는 하나님 나라에 참여하는 축복을 얻게 됩니다.

묵상

교회에 출석하는 대학생들을 대상으로 구원이 무엇인지, 본인은 구원을 받았다고 생각하는지, 구원받았다고 생각한다면 그 이유는 무엇인지 조사해본 적이 있습니다. 결과는 상당히 충격적이었습니다. 교회에 매주 출석하는 대학생 중에 무려 80~90%에 해당하는 젊은이들이 구원에 대한 성경의 가르침을 정확하게 알지 못하고 있었습니다.

한 학생은 자신이 구원받았음을 확신한다고 말했습니다. 그 이유를 물었더니 매주 빠지지 않고 교회에 나가기 때문이라고 대답했습니다. 성경에 그렇게 하면 구원을 받는다고 기록되어 있는지 질문하자 더 이상 대답하지 못했습니다.

두 번째 학생은 구원을 받지 못한 것 같다고 했습니다. 이유를 묻자 나쁜 짓을 많이 했기 때문이라고 대답했습니다. 그러면 예수님께서 십자가에서 우리 죄를 대신 지시고 희생하셨으니 회개하면 하나님께서 나쁜 짓을 했어도 용서해주시지 않겠느냐고 다시 질문했습니다. 그러자 그 학생은 회개를 해도 계속해서 죄를 짓기 때문에 소용 없다고 대답했습니다.

오랜 기간 교회생활을 하면서도 성경의 핵심주제인 '예수 그리스도를 통한 구원'에 대해 알지 못한다는 것은 매우 안타까운 일입니다. 이 장을 읽으신 여러분은 어떠십니까? 성경이 말하는 구원에 대해 정확하게 알고 계십니까?

4 자유: 하나님께서는 사람에게 완전한 자유를 주셨는가?

2장에서 우리는 에덴동산의 두 나무 이야기를 통해 하나님께서 사람에게 주신 선택의 자유에 대해 배웠습니다. 그다음으로 3장에서는 성경이 말하는 구원의 핵심을 되짚어보았습니다. 그러나 여전히 남아 있는 의문이 있습니다. '하나님께서 사람을 창조하실 때 왜 죄를 짓지 않으면서도 자유를 누릴 수 있는 완전한 존재로 만드시지 않으셨는가' 하는 것입니다. 또한 '예수님을 믿으면 하지 말라는 것들도 많은데 구원받고 영원히 사는 것도 좋지만 내가 하고 싶은 것도 마음대로 못하고 영원히 살아야 하나' 라는 걱정이 앞서기도 합니다. 4장에서는 구원이 어떤 의미를 가지고 있는지 '자유' 라는 측면에서 생각해보도록 하겠습니다.

1) 선악과나무 금지명령 다시 보기

- **완성된 하나님 나라에는 선악과나무가 없다?**

선악과나무 금지명령만 보면 하나님께서 사람에게 자유를 주셨다는 말이 이해되지 않습니다. '자유'와 '금지'라는 상반된 두 단어가 어떻게 조화를 이룰 수 있을까요? 이 질문에 대한 단서는 성경의 마지막 책인 요한계시록에서 발견되는데, 에덴동산에서 잃어버린 생명나무가 다시 등장하는 장면이 나옵니다.

강 좌우에 생명나무가 있어 열두 가지 열매를 맺되 …… (계 22:2)

이 장면은 예수 그리스도의 재림과 함께 최후의 심판이 끝나고 하나님 나라가 완성된 "새 하늘 새 땅"입니다. 이곳에 생명나무가 있는 것입니다. 그런데 에덴동산과 다르게 선악과나무가 없고 아담에게 주어졌던 금지명령도 없습니다. 완성된 하나님 나라에 선악과나무의 금지명령이 없다면 그때 가서는 사람이 무엇이든 할 수 있는 무한한 자유를 정말로 얻게 된다는 뜻일까요? 결국 그렇게 될 것이었다면 에덴동산에는 왜 선악과나무를 두셨던 것일까요?

에덴동산의 아담과 하와에게는 선악과나무 금지명령을 지킴으로써 유지되는 조건적 자유가 주어진 것이 사실입니다. 그러나 완성된 하나님 나라에 들어간 장성한 하나님의 자녀들은 의무감에 따라, 또는 하나님이 두려워서가 아니라 하나님의 사랑과 구원의 은혜에 진심으로 감사하기 때문에 자발적으로 순종하는 사람들입니다. 이들은 죄의 욕망으로부터 완전하게 해방되어 구원의 완성을 이룬 성숙한 하나님의 자녀들입니다. 따라서 더 이상 선악과나무 같은 금지명령이 필요 없습니다. 이런 의미에서 보자면 구원은 영원한 생명을 얻는 것과 동시에 '완전한 자유'를 얻게 된다는 의미이기도 합니다.

에덴동산에서 뱀은 하나님의 무한한 힘을 쟁취하면 원하는 것을 다 할 수 있는 자유를 얻을 수 있다고 하와를 유혹했습니다. 그러나 완벽한 자유는 탐욕으로 쟁취하는 것이 아니라 예수님처럼 하나님께 절대 순종할 때 얻게 됩니다. 내 마음대로 살면 죄의 노예가 되어 파멸의 지옥길로 가게 되지만, 하나님께 순종하면 예수님의 십자가 구원을 통해 참된 자유의 천국길로 가는 것입니다.

- **온전한 자유를 누리시는 삼위일체 하나님**

이처럼 성경이 말하는 자유는 '온전한 순종'을 통해 얻는다는 역설적인 의미입니다. 예수님께서는 자유의 본질이 '하나님과 연합된 관계 안에서 누리는 존재의 자유'임을 보여주심으로써 내 마음대로 사는 것이 자유라는 사탄의 거짓말을 폭로하셨습니다.

이제 자유에 대한 좀 더 깊은 이야기를 해보고 싶습니다. 예수님께서 이 땅에서 보여주신 참된 자유를 이해하기 위해서는 먼저 삼위일체 하나님의 존재와 관계맺음 방식에 대해 살펴볼 필요가 있습니다. 우리가 섬기는 삼위일체 하나님은 어떤 분이십니까? 하나님께서는 무한한 자유를 누리는 세 분의 독립된 인격체이신 성부·성자·성령이신 동시에, 무한한 상호신뢰와 사랑의 연합관계 안에 존재하시는 '한 분'이십니다. 사람은 공동체로 연합할 때 '획일화'와 '개인소외'라는 문제가 발생하고 개인으로 흩어지면 '개인주의'와 '부조화'라는 문제를 경험합니다. 그러나 완전하신 하나님은 개인성(3: 삼위)과 공동체성(1: 일체)이 하나(3=1: 삼위일체)로 일치하는 삼위일체의 놀라운 신비를 보여주고 계십니다.

삼위일체의 신비를 결코 다 이해할 수 없지만 하나님께서 천지를 창조하신 과정 속에서 삼위일체 하나님의 모습을 분명하게 발견할 수 있습니다. 우리는 이미 창세기 1장 1절을 통해 성부 하나님께서 창조를 구상하시고 말씀으로 명령하셨음을 알고 있습니다. 그러나 사도 요한은 만물을 지으신 분이 성자 예수님이라고 증거합니다.

> 태초에 말씀이 계시니라 이 말씀이 하나님과 함께 계셨으니 이 말씀은 곧 하나님이시니라 그가 태초에 하나님과 함께 계셨고 만물이 그로 말미암아 지은 바 되었으니 지은 것이 하나도 그가 없이는 된 것이 없느니라(요 1:1-2)

이 말씀은 하나님께서 천지를 말씀으로 창조하실 때 그 말씀의 실체가 사실은 예수님이었다는 것입니다. 즉, 예수님은 말씀을 실체로 만드시는 실행자 역할을 감당하시는 하나님이심을 알 수 있습니다. 성부 하나님께서 마음속에 품으신 선하신 뜻을 말씀으로 명령하시면 성자 예수님께서 아버지의 뜻에 순종하여 그대로 실행하시는 것입니다. 성자 예수님께서 이 땅에 오신 것도 사람을 구원하시려는 성부 하나님의 뜻을 실행하시기 위해서였습니다.

또한, 창세기 1장 2절은 천지창조 당시 활동하시는 성령 하나님을 묘사하고 있습니다. 성령님께서는 성자 예수님께서 실행하신 창조 사역이 완성되도록 창조의 모든 과정에서 능력을 부어주셨습니다.

> 땅이 혼돈하고 공허하며 흑암이 깊음 위에 있고 하나님의 영(성령)

은 수면 위에 운행하시니라(창 1:2)

'운행'이라는 단어가 성령 하나님께서 움직이시며 일하고 계신 모습을 잘 표현하고 있습니다. 이렇게 하나님께서는 성부>성자>성령이라는 분명한 위계질서와 구분된 역할을 갖고 계시면서도 세 분이 인격적으로 동등하며 한 마음, 한 뜻으로 역사하시는 완전한 한 분의 하나님으로 존재하십니다. 우리는 이제 하나님께서 왜 다음 구절에서 스스로 "우리"의 형상이라고 말씀하시는지 이해할 수 있습니다.

하나님이 이르시되 우리의 형상을 따라 우리의 모양대로 우리가 사람을 만들고 그들로 바다의 물고기와 하늘의 새와 가축과 온 땅과 땅에 기는 모든 것을 다스리게 하자 하시고(창 1:26)

삼위일체 하나님의 완전한 공동체적 연합과 자유의 관계가 사람에게 확대되는 것이 요한계시록에 드러난 완성된 하나님 나라의 첫 장면입니다. 하나님 나라에서는 사람도 하나님과 모든 생각, 감정, 의지가 자발적으로 일치하는 연합관계 안에서 온전한 개인의 자유를 누리게 됩니다. 예수님께서는 삼위일체 하나님의 '3(자유)=1(연합) 관계' 안으로 들어온 사람의 모습을 이렇게 표현하셨습니다.

아버지여 아버지께서 내 안에 내가 아버지 안에 있는 것과 같이 그들도 다 하나가 되어 우리 안에 있게 하사 세상으로 아버지께서 나

를 보내신 것을 믿게 하옵소서(요 17:21)

삼위일체 하나님의 관계중심적 자유와 내 마음대로 욕심을 채우는 마귀의 자기중심적 자유와는 얼마나 큰 차이가 있습니까? 우리 그리스도인은 자기중심적 자유를 단호하게 거부하고 하나님과의 연합관계 안에서 누리는 온전한 자유를 추구합니다.

2) 진정한 자유의 본질: 선택

- 자유는 주어지는 것이 아니라 선택하는 것

여전히 한 가지 의문이 남아 있습니다. 그렇게 성숙한 하나님의 자녀를 원하셨다면 왜 처음부터 죄 지을 가능성이 없는 완벽한 사람을 창조하지 않으셨을까요? 처음부터 하나님께 자발적으로 순종하도록 창조하셨다면 범죄의 가능성도 없앨 수 있었고, 예수님께서 십자가 고난을 당하실 필요도 없지 않았을까요?

그러나 조금만 생각해봐도 그렇게 처음부터 '주어진' 자유는 진정한 자유의 의미에 어긋납니다. 만약 사람이 하나님께 불순종할 가능성이 배제된 채로 창조되었다면 어디까지나 하나님에 의해 가능성이 제한된 자유이기 때문입니다. 진정한 자유는 사람이 스스로 선택하는 것이고 성숙의 과정을 거쳐 온전히 이뤄야 합니다. 물론 이 모든 과정 가운데 하나님께서는 우리가 이해할 수 없는 섭리로 역사하십니다. 이 섭리는 사람의 자유를 침해하지 않으면서도 자신의 선하신 뜻을 온전히 이루시는 하나님의 탁월한 지혜와

경륜을 보여줍니다.

• 사람을 성숙한 자녀로 키워내시는 하나님

이제 우리는 하나님께서 왜 아담에게 선악과 금지명령을 내리셨고 예수님께서 이 땅에 오셔서 사람을 구원하시며 성화 과정을 거치게 하시는지 이해할 수 있습니다. 그것은 태초부터 세상 끝까지 이어지는 인류의 역사가 하나님의 자녀를 키워내시는 원대한 양육의 과정이라는 것입니다. 부모가 아이를 낳아서 성숙한 사람으로 키워내는 것과 같이 하나님께서는 사람을 영원한 생명과 완전한 자유를 누릴 줄 아는 성숙한 하나님의 자녀로 키워내려는 계획을 갖고 계십니다. 창조 직후 아직 미성숙한 아담에게는 선악과 나무 금지명령을 주셨으나 완성된 하나님 나라에서는 장성한 자녀들이 그 어떤 금지명령 없이도 '자발적으로' 하나님께 순종하는 완전한 자유를 누릴 수 있게 됩니다.

어떤 사람은 이렇게 반론을 제기합니다.

> 하나님이 창조한 사람이 죄를 지은 것은 사람이 완전하지 않았다는 증거다. 사람을 완전하게 창조하지 못한 하나님을 어떻게 전능하다고 할 수 있는가?

그러나 아담이 창조 당시 죄를 지을 가능성이 있었던 것은 불완전함을 의미하는 것이 아닙니다. 그 시점에서는 그 모습이 하나님께서 보시기에 '완전한' 모습이었습니다. 그래서 사람을 창조하신 여섯째 날 "보시기에 심히 좋았더라"고 말씀하신 것입니다.

하나님이 지으신 그 모든 것을 보시니 보시기에 심히 좋았더라 저녁이 되고 아침이 되니 이는 여섯째 날이니라(창 1:31)

위와 같은 논리를 펼치는 분께 반문하고 싶습니다. 아장아장 걷는 아기를 보면서 '사람 노릇 못하는 불완전한 사람'이라고 생각하는지 말입니다. 아기 때는 잘 먹고 잘 자는 것이 그 시점에서 완전한 모습입니다. 아기는 아직 제대로 말도 못하고 기저귀를 차고 있는 연약한 모습이지만 부모의 사랑 속에서 꾸준한 성장과정을 거쳐 결국 장성한 어른이 됩니다.

얼마 전 초등학생인 아들에게 항의를 받았습니다. 밤늦게까지 놀고 싶은데 아빠는 왜 허락을 안 해주냐는 것이었습니다. 친구 아빠들은 늦게 자도 아무 말도 안하는데 자기만 일찍 자야 하니 억울하다며 참았던 울음을 터뜨렸습니다. 아들의 마음은 이해되면서도 이렇게 타일렀습니다.

앞으로 어른이 되면 스스로 판단하고 행동하는 자유를 갖게 돼. 어릴 때부터 규칙적으로 생활하는 습관을 훈련받아야 어른이 되어서 네 자유를 잘 사용할 수 있는 거야.

이렇게 어릴 때는 부모님께서 금지명령을 주시지만 어른이 되면 스스로 알아서 선택하는 자유를 주십니다. 창조 당시 아담은 선악과나무 금지명령에 순종하면서 주어진 자유를 누리는 것이 그 시점에서 완전한 모습이었습니다. 만약 아담이 끝까지 선악과를

성장과 구원의 과정 비교

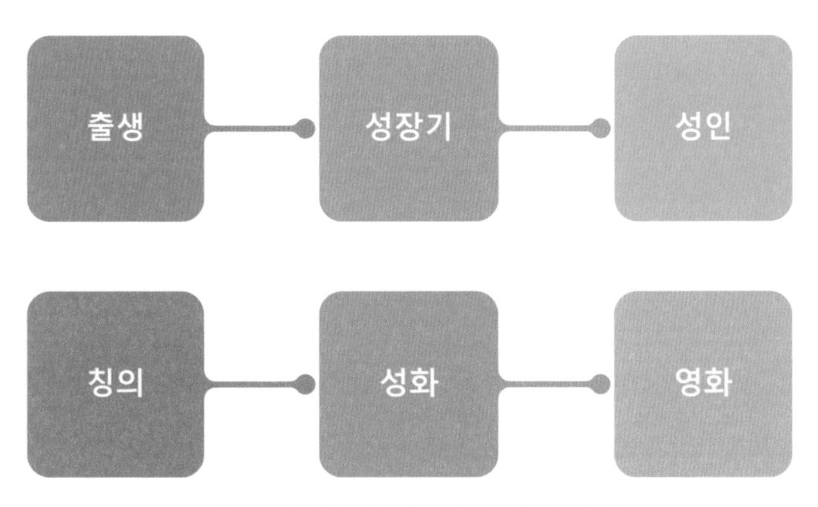

<그림 9> 사람의 성장과정과 성도의 성장과정 비교

사람이 출생-성장기를 거쳐 성인이 되는 것처럼 성도도 하나님의 자녀로 다시 태어나는 칭의(justification) 시점에서 시작하여 성화(sanctification) 과정을 거쳐 예수 그리스도의 재림 때 성숙한 하나님의 자녀로 완성되는 영화(glorification)의 순간을 맞이하게 된다.

먹지 않았다면 하나님과의 영적 교제 가운데 성장하여 결국 자발적으로 하나님께 순종하는 성숙한 사람이 되었을 것입니다.

- **영원한 생명과 자유를 누리는 하나님 나라가 다가온다**

예수님을 믿고 구원을 얻는다는 것은 천국행 티켓을 보장받았다는 의미가 아닙니다. 구원이란 하나님께 순종하는 길을 선택하여 인격적인 사랑의 연합관계를 맺으며 궁극적으로 진정한 자유를 누리는 영원한 삶을 얻는 축복을 의미합니다. 예수님께서는 하나님께 죽기까지 순종하는 고난의 십자가 길을 선택하셔서 만물을 다스리는 '만왕의 왕(계 19:16)'이 되셨습니다. 우리도 하나님께 온전히 순종하면 예수님과 같이 부활하여 영원한 생명을 얻게 되고, 온전한 자유를 누리는 성숙한 하나님의 자녀가 된다는 것이 성경이 선포하는 놀라운 약속입니다. 우리가 하나님을 버리고 내 마음대로 사는 죄를 저질렀는데도 십자가에서 희생하심으로써 우리에게 진정한 자유를 주신 엄청난 은혜에 어찌 감사하지 않을 수 있겠습니까?

에덴동산에서 뱀(마귀, 사탄)은 사람에게 지금 당장 선악과를 따먹는 자유를 행사하라고 선동했습니다. 마귀가 주장하는 자유는 이처럼 내 욕망을 추구하는 자유입니다. 그러나 마귀의 거짓말을 따라간 사람은 자신의 욕망을 주체하지 못하고 자유를 남용하다가 '죄의 노예'가 되어 소중한 존재의 자유를 잃고 말았습니다. 따라서 하나님의 구원계획은 죄로 사람의 자유를 빼앗은 마귀를 심판하시는 동시에 사람을 온전한 자유를 누릴 줄 아는 성숙한 하나님의 자녀로 키워내시려는 계획이라고 표현할 수 있습니다.

여러분이 생각하는 자유는 어떤 것입니까? 이번 장을 읽으시면서 성경이 말하는 자유의 역설적 의미를 이해하셨을 것입니다. 이제 우리가 얻어야 할 완전한 자유를 위협하는 최대의 적인 죄를 경계해야 합니다. 내 마음대로 사는 죄의 삶은 우리를 마귀의 노예로 만드는 결과를 초래하기 때문입니다.

> 그리스도께서 우리를 자유롭게 하려고 자유를 주셨으니 그러므로 굳건하게 서서 다시는 종의 멍에를 메지 말라(갈 5:1)

요약

1 에덴동산에서 사람에게 주어진 자유는 선악과나무 금지명령을 지킴으로써 보장되는 조건적인 자유였습니다. 선악과나무의 금지명령은 아담이 성숙하기 전까지 한시적으로 주어진 것이지 하나님께서 아담을 불완전하게 창조하셨기 때문이 아닙니다.

2 삼위일체 하나님께서 사랑과 신뢰, 상호 섬김의 관계 안에서 누리시는 완전한 자유는 하나님의 자녀 된 사람에게도 확장됩니다. 구원받은 하나님의 자녀는 하나님의 나라에서 영원한 생명뿐만 아니라 완전한 자유도 누리는 축복이 주어집니다.

3 예수 그리스도께서 재림하셔서 완성하실 하나님 나라에서는 구원받은 하나님의 자녀에게 생명나무가 다시 주어지며 선악과나무는 사라집니다. 선악과나무가 없어지는 것은 구원받은 하나님의 자녀들이 장성하여 금지명령 없이도 자발적으로 하나님께 순종하면서 완전한 자유를 누릴 수 있기 때문입니다. 그때까지 경건생활을 위한 절제를 실천하는 것은 궁극적으로 주어질 완전한 자유를 얻기 위한 훈련과정입니다.

묵상

고등학교 시절 성경을 본격적으로 읽기 시작하면서 이성적으로 이해할 수 없는 부분들이 많다고 생각했습니다. 선악과 금지명령이 대표적인 예입니다. 지금 생각해보면 성경의 한 부분에만 집중했던 제 협소한 관점의 한계였다는 것을 깨닫게 됩니다. 자녀를 낳고 키우는 양육과정을 통해 우리를 성숙한 자녀로 키워나가시는 하나님의 섭리에 대해 좀 더 넓은 관점에서 이해할 수 있었습니다. 이런 관점으로 다시 읽어보니 성경은 일관성 있게 사람을 향한 하나님의 선한 의도와 끊임없는 구원의 약속, 그리고 그 약속을 이뤄 나가시는 역동적인 구원의 완성과정을 보여주고 있었습니다.

철이 없던 10대 시절 소원이 있다면 하고 싶은 게임을 하루종일 즐기고 재미있는 영화를 무제한으로 보면서 맛있는 것을 실컷 먹는 것이었습니다. 왜 하기 싫은 공부를 해야 하는지 이해할 수 없었고, 왜 그렇게 해서는 안 되는 것들이 인생에 가득한지 답답했습니다.

마흔이 넘은 지금에야 조금씩 진정한 자유가 무엇인지 깨달아가는 중입니다. 사랑하는 가족과 학생들을 위해 내가 하고 싶은 것들과 내 시간을 내려놓는 자기 권리의 포기를 통해 가치 있는 삶을 살 수 있는 자유를 누리는 역설의 행복을 배워가고 있습니다. 여러분은 진정한 자유를 누리는 삶을 살고 계십니까?

5 심판: 하나님께서는 왜 노아의 홍수로 세상을 멸망시키셨는가?

3장과 4장에 걸쳐서 우리는 삼위일체 하나님께서 누리시는 영원한 생명과 자유를 자녀인 우리에게 베풀어주시는 하나님의 은혜에 대해 깊이 생각해보았습니다. 그보다 앞서 2장에서는 '가죽옷'으로 사람의 부끄러움을 가려주신 하나님께서 '여자의 후손' 예수 그리스도를 통해 구원을 베풀어주셨다는 사실을 확인했습니다. 이처럼 구약성경은 신약시대에 이뤄질 하나님의 구원계획을 영화 예고편처럼 생생하게 보여줍니다. 반면에 성경은 구원뿐만 아니라 끝까지 회개하지 않는 죄인들에게 임할 무서운 최후의 심판에 대해서도 경고하고 있습니다. 예수 그리스도의 재림을 기다리는 '말세'에 살면서 구원뿐만 아니라 '종말'에 대해서도 정확하게 알고 있어야 하지 않을까요? 5장에서는 창세기에 기록된 노아의 방주 사건을 통해 이 세상에 임할 진노의 심판과 '구원의 방주'이신 예수 그리스도에 대해 알아보도록 하겠습니다.

1) 노아의 홍수 사건의 전말

- 죄로 물든 홍수 이전 세상

창세기 6~9장에 걸쳐 비중 있게 기록된 노아의 홍수는 장차 이 세상에 임할 최후의 심판과 동시에 예수 그리스도를 통해 심판에서 건지심을 받는 구원을 예고하는 사건입니다. 노아의 홍수는 사람을 포함한 지구상 모든 생물이 멸절되는 참혹한 결과를 가져왔습니다. 아담과 하와가 에덴동산에서 쫓겨난 후 대홍수가 일어나기까지 도대체 어떤 일들이 벌어진 것일까요?

에덴동산에서 쫓겨난 아담과 하와가 낳은 자손들은 번성하여 온 세상에 널리 퍼졌습니다. 그러나 하나님을 떠난 사람들은 점점 교만해지고 사악해져서 심각한 지경에 이르렀습니다. 아담과 하와가 선악과를 보면서 품었던 죄의 씨앗이 싹을 틔운 후 급속하게 자라나고 있었던 것입니다.

> 여호와 하나님께서 사람의 죄악이 세상에 관영함과 그 마음의 생각의 모든 계획이 항상 악할 뿐임을 보시고(창 6:5)

'관영'이라는 단어의 사전적 의미는 '가득 차서 미치지 않는 곳이 없음'이라는 뜻입니다. 좀 더 속된 말로 표현하자면 '갈 데까지 갔다'는 뜻입니다. 즉, 사람들의 죄악이 창조주로서 더 이상 두고 볼 수 없을 정도로 심했다는 뜻입니다.

죄인으로 전락한 사람의 모습을 대표적으로 보여주는 인물이 아담의 첫째 아들 가인입니다. 가인과 아벨 형제는 각각 하나님께

제사를 드렸는데, 하나님께서는 의로운 아벨의 제사는 받으셨지만 평소 죄로 물든 삶을 사는 가인의 제사는 받지 않으셨습니다. 그러자 가인은 회개할 생각을 하지 않고 오히려 자신의 자존심을 건드린 동생을 질투하여 죽이고 맙니다.

> 가인이 그의 아우 아벨에게 말하고 그들이 들에 있을 때에 가인이 그의 아우 아벨을 쳐죽이니라(창 4:8)

가인의 비교와 질투, 살인 과정은 나보다 더 나은 사람을 죽여서라도 자신의 자존심을 지키려는 죄의 무서운 속성을 보여줍니다. 내가 남보다 못하다는 사실을 받아들이지 못하는 것입니다. 오늘날 세상에 가득한 과도한 경쟁과 비교의식은 하나님을 떠난 사람의 죄에 뿌리를 두고 있습니다.

이제 동생을 죽인 가인은 죄의 대가로 다른 사람에게 죽임을 당하지 않을까 두려워했습니다. 이것이 죄를 저지른 사람을 괴롭히는 처벌과 복수에 대한 두려움입니다.

> 주께서 오늘 이 지면에서 나를 쫓아내시온즉 내가 주의 낯을 뵈옵지 못하리니 내가 땅에서 피하며 유리하는 자가 될지라 무릇 나를 만나는 자마다 나를 죽이겠나이다(창 4:14)

그러나 가인을 불쌍하게 여기신 하나님께서는 하나님의 보호하심을 상징하는 '표'를 주시면서 가인을 죽이는 자는 "벌을 칠 배(창 4:15)"나 받게 하시겠다는 약속을 주셨습니다. 그러나 가인은 하나님의 보호하심을 믿지 못하고 '성'을 쌓아서 스스로 자신을 보호하려고 했습니다. 이처럼 죄를 지은 사람은 자신을 단단한 방어벽으로 두르는 폐쇄적인 성향을 갖게 됩니다.

시간이 흐르면서 가인의 후손은 비인간적이고 향락적인 도시 문명을 발전시켜나갔습니다. 가인의 5대손 라멕[2] 대에 이르러 사람의 죄악상은 절정에 달했습니다. 라멕은 아다와 씰라 두 아내에게 큰 소리를 치며 소년을 죽인 자신의 강한 힘을 과시합니다.

> ……나의 상처로 말미암아 내가 사람을 죽였고 나의 상함으로 말미암아 소년을 죽였도다 가인을 위해서는 벌이 칠 배일진대 라멕을 위해는 벌이 칠십칠 배이리로다(창 4:23-24)

가인은 아벨을 죽인 후 일말의 죄의식과 처벌에 대한 두려움이라도 있었는데, 라멕은 연약한 소년을 죽인 것을 오히려 자랑하고 있습니다. 사람의 생명을 소중하게 여기지 않고 강한 힘으로 약자를 죽이는 비인간적인 모습입니다. 또한 라멕은 가인에게 해를 입히는 자에게 칠 배의 벌을 주시겠다는 하나님의 약속을 알고 있으면서도 자신에게 해를 끼치는 자는 그보다 더한 "칠십칠 배"의 벌을 받게 될 것이라며 하나님의 말씀을 우습게 아는 교만을 거리낌 없이 드러내고 있습니다. 사람을 유혹했던 짐승인 뱀의 거짓말을 따라간 사람은 이렇게 온 세상을 하나님의 형상이 아닌 뱀, 짐승, 마귀의 형상으로 가득 채워가고 있었습니다.

---

2 셋의 후손인 노아의 아버지 라멕과는 동명이인임

예수님께서도 이 당시의 심각한 죄악상을 언급하셨습니다. 예수님께서는 하나님 나라가 언제 임할지 묻는 제자들에게 노아의 시대와 같이 "먹고 마시는" 쾌락문화가 지배하는 시대가 올 것을 말씀하셨습니다.

> 노아가 방주에 들어가던 날까지 사람들이 먹고 마시고 장가 들고 시집 가더니 홍수가 나서 그들을 다 멸망시켰으며(눅 17:27)

"장가들고 시집가더니"라는 표현은 멸망이 코앞에 닥쳐왔는데도 영적인 일에는 무관심한 채 자신의 삶에만 몰두하고 있는 사람들의 모습을 보여줍니다. 다가오는 심판에는 무관심한 채 각자 자신의 삶에 몰두하고 있는 오늘날 사람들과 다를 바 없습니다.

심각한 상태에 빠진 세상을 보신 하나님께서는 한탄하시며 홍수로 이 세상을 멸하시기로 결심하십니다.

> 여호와께서 사람의 죄악이 세상에 가득함과 그의 마음으로 생각하는 모든 계획이 항상 악할 뿐임을 보시고 땅 위에 사람 지으셨음을 한탄하사 마음에 근심하시고 이르시되 내가 창조한 사람을 내가 지면에서 쓸어버리되 사람으로부터 가축과 기는 것과 공중의 새까지 그리하리니 이는 내가 그것들을 지었음을 한탄함이니라 하시니라(창 6:5-6)

하나님께서 사람을 창조하신 목적은 하나님의 거룩하고 선하신 형상이 사람을 통해 온 세상에 충만해지도록 하신 것이기 때문에 세상이 뱀, 짐승, 마귀의 형상으로 뒤덮이는 정반대의 상황을 막으시는 것은 창조주 하나님으로서 불가피한 조치였습니다.

- **의인 노아**

이제 가인의 살인과 아벨의 죽음이 발생한 시점으로 잠시 되돌아가보겠습니다. 가인은 하나님을 버리고 죄의 길로 걸어갔고, 의로운 둘째 아들 아벨도 죽자, 하나님께서는 아담과 하와에게 '셋'이라는 아들을 새로 주셔서 믿음의 계보를 이어나가게 하셨습니다. 셋의 아들 에노스의 시대에 사람의 수가 본격적으로 늘어나자 가인의 길로 가는 타락한 사람들과 하나님을 섬기는 믿음의 사람들 사이에 뚜렷한 구분이 생기기 시작했습니다. 아담-셋-에노스의 계보를 잇는 경건한 사람들은 이때 비로소 하나님의 이름을 부르며 모여 예배를 드리기 시작했습니다(창 4:26). 그러나 경건한 하나님의 아들들조차 감각적인 가인의 도시문명에 물들기 시작합니다.

> 사람이 땅 위에 번성하기 시작할 때에 그들에게서 딸들이 나니 하나님의 아들들이 사람의 딸들의 아름다움을 보고 자기들이 좋아하는 모든 여자를 아내로 삼는지라(창 6:1-2)

이런 상황에서 유일하게 세상의 악한 시류를 따르지 않고 오직 하나님만 섬기는 셋의 8대손 '노아'라는 사람이 있었습니다. 하나님께서는 이러한 노아의 믿음을 보시고 방주(배)를 지어 전 세계적인 홍수로부터 생명을 구원하라고 명령하셨습니다. 노아는 하나님의 말씀에 순종하여 무려 120년이라는 긴 세월 동안 거대한 방주를 짓고 홍수에 대비합니다.

당시 노아라는 웬 늙은이가 홍수로 온 세상이 멸망한다며 배를 만들고 있다는 소식은 해외토픽감으로 여기저기 퍼져나갔을 것입니다. 사람들은 그런 노아를 비웃고 조롱했을 것입니다. 그러나 그 당시 사람들의 경험과 상식에 어긋나 보였던 전 세계 규모의 홍수는 하나님께서 예정하신 시간에 정확하게 시작되어 온 세상을 물로 뒤덮었습니다.

> 노아가 육백 세 되신 해 둘째 달 곧 그 달 열이렛날이라 그 날에 큰 깊음의 샘들이 터지며 하늘의 창문들이 열려 사십 주야를 비가 땅에 쏟아졌더라(창 7:11-12)

"큰 깊음의 샘"이 터지고 "하늘의 창문"이 열렸다는 것은 땅속 깊은 곳에서 지하수가 터져 나오고 하늘에서 폭우가 쏟아지는 무시무시한 양방향의 재난이었음을 암시합니다. 정확한 연도와 달, 날짜, 양방향에서 시작된 홍수의 모습까지 정밀하게 기록된 것을 보면 그리스신화나 통상적인 전설과 뚜렷한 질적 차이가 있다는 것을 느낄 수 있습니다. 노아의 홍수는 실제로 발생했던 사건이며, 기록이 전승되다가 모세를 통해 창세기에 기록된 것입니다.

믿음으로 방주에 올라탄 노아의 가족 8명만이 홍수를 피해 구원을 얻었습니다. 방주에 올라타지 않은 모든 사람과 생물들은 멸절되고 말았습니다. 뒤늦게 방주로 달려온 사람들도 있었겠지만, 이미 방주의 문은 굳게 닫힌 후였습니다. 허락된 구원의 시간이 이미 지나간 것입니다.

> 육지에 있어 그 코에 생명의 기운의 숨이 있는 것은 다 죽었더라 지면의 모든 생물을 쓸어버리시니 곧 사람과 짐승과 기는 것과 공중의 새까지라 이들은 땅에서 쓸어버림을 당했으되 홀로 노아와 그와 함께 방주에 있던 자만 남았더라(창 7:22-23)

이렇게 믿음으로 방주를 지어 구원을 얻은 노아에 대해 히브리서는 다음과 같이 평가하고 있습니다.

> 믿음으로 노아는 아직 보이지 않는 일에 경고하심을 받아 경외함으로 방주를 준비하여 그 집을 구원했으니 이로 말미암아 세상을 정죄하고 믿음을 따르는 의의 상속자가 되었느니라(히 11:7)

"반드시 죽으리라"는 하나님의 경고를 진지하게 받아들이지 않았던 하와와 달리, 노아는 "경외함"으로 받아들여 온전히 순종했던 진정한 믿음의 소유자였습니다. 노아의 믿음은 말세를 살아가는 오늘날 우리에게도 훌륭한 믿음의 본이 되고 있습니다.

---

2) 예수 그리스도를 믿음으로 얻는 구원

- 최후의 심판과 구원의 방주 예수 그리스도

노아의 홍수는 장차 이 세상의 종말에 임할 하나님의 심판을 상징합니다. 노아의 때에 죄악으로 가득한 세상이 홍수로 심판당했던 것과 같이 우리가 살고 있는 이 세상도 하나님의 인내를 넘어서는 때에 이르러 심판당할 것입니다. 돈, 권력, 쾌락에 취해 있다가 갑자기 심판당할 때 사람들은 비로소 하나님의 진노가 얼마나 무서운지 깨닫게 될 것입니다.

> 땅의 임금들과 왕족들과 장군들과 부자들과 강한 자들과 모든 종과 자유인이 굴과 산들의 바위 틈에 숨어 산들과 바위에게 말하되 우리 위에 떨어져 보좌에 앉으신 이의 얼굴에서와 그 어린 양의 진노에서 우리를 가리라 그들의 진노의 큰 날이 이르렀으니 누가 능히 서리요 하더라(계 6:15-17)

우리가 살아가는 신약 교회시대는 노아가 방주를 짓던 120년과 같이 하나님께서 인내하시며 죄인이 돌아오기를 기다리시는 회개와 구원의 시대입니다. 하나님께서는 독생자 예수님을 이 땅에 보내셔서 구원의 길을 여신 후 2천 년이 지나기까지 단 한 명이라도 더 돌아오도록 기다리고 계십니다. 살아있는 동안 회개하고 예수님을 믿으면 누구든지 구원을 얻을 수 있습니다.

> …… 오직 너희를 대해 오래 참으사 아무도 멸망치 않고 다 회개하기에 이르기를 원하시느니라(벧후 3:9)

노아의 시대에 구원을 얻을 수 있는 유일한 방법은 노아의 말을 믿고 방주에 올라타는 것이었습니다. 이 방주는 예수 그리스도를 통한 구원을 상징합니다. 하나님께서 마련하신 유일한 구원의 방주 예수 그리스도를 영접하는 사람은 이 세상에 임할 심판의 날 구원을 얻게 된다는 약속을 주신 것입니다.

> 하나님이 세상을 이처럼 사랑하사 독생자(His Only Son)를 주셨으니 이는 저를 믿는 자마다 멸망치 않고 영생을 얻게 하려 하심이니라(요 3:16)

여기에서 가장 중요한 것은 '누가 방주에 타서 구원을 얻었는가?'입니다. 방주에 걸어 올라타는 것은 쉬운 일입니다. 그러나 그 당시 사람들은 그 쉬운 일을 하지 못하여 모두 물에 잠겼습니다. 그들의 경험과 과학상식에 부합하지 않는 일이었기 때문입니다. 그 당시 사람들은 자신의 바쁜 일상에 몰두하면서 노아의 홍수 경고를 진지하게 받아들이지 않았습니다.

그렇다면 처녀의 몸에서 태어난 예수 그리스도를 믿어야 구원을 받을 수 있다는 '비상식적인' 복음을 전하는 오늘날 우리 그리스도인은 어떻습니까? 방주에 올라타야 살 수 있다고 외쳤던 노아가 비웃음을 당한 것처럼 오늘날 예수 그리스도를 믿어야 구원을 받을 수 있다고 외치는 성도들은 세상에서 비웃음을 당합니다. 그러나 노아가 방주를 짓는 믿음으로 구원을 얻은 것과 같이 자신의 경험과 지식을 내려놓는 겸손한 믿음으로 예수님을 영접하는 사람은 진노의 심판으로부터 구원을 얻게 될 것입니다. 구원을 얻는다는 것은 노아가 믿음으로 구원의 방주를 지었던 것처럼 우리 안에 믿음으로 예수 그리스도라는 구원의 방주를 짓는 것입니다.

방주 안의 노아 가족 **예수 그리스도 안의 성도**

<그림 10> 노아의 방주와 구원의 방주 예수 그리스도 비교
대홍수 당시에 구원을 받는 유일한 방법은 노아가 전한 홍수 소식을 전해듣고 방주에 올라타는 것이었다. 마찬가지로 오늘날 장차 온 세상에 임할 진노의 심판을 피할 수 있는 유일한 구원의 방법은 예수 그리스도를 영접하는 것이다.

• 종말의 두 가지 시나리오

그렇다면 종말은 언제 오는 것일까요? 두 가지 경우의 수가 있습니다. 첫 번째는 우리가 살아있는 동안 예수 그리스도께서 재림하시면서 이 세상이 종말을 고하는 것입니다. 1992년에 예수님 재림 소동을 벌였던 다미선교회 사건이 일어났고, 1999년에는 노스트라다무스의 종말 예언이 화제가 된 적도 있습니다. 그러나 성경은 그때가 언제인지 모르니 항상 깨어 있으라고 말씀하고 있습니다(막 13:33). 다만 확실한 것은 노아의 홍수 때는 물로 심판을 당했으나 앞으로 있을 궁극적인 심판은 온 세상이 불살라지는 무서운 '불의 심판'이라고 베드로 사도가 경고하고 있습니다.

> …… 말세에 조롱하는 자들이 와서 자기의 정욕을 따라 행하며 조롱하여 이르되 주께서 강림하신다는 약속이 어디 있느냐 조상들이 잔 후로부터 만물이 처음 창조될 때와 같이 그냥 있다 하니 이는 하늘이 옛적부터 있는 것과 땅이 물에서 나와 물로 성립된 것도 하나님의 말씀으로 된 것을 그들이 일부러 잊으려 함이로다 이로 말미암아 그 때(노아 때)에 세상은 물이 넘침으로 멸망했으되 이제 하늘과 땅은 그 동일한 말씀으로 불사르기 위해 보호하신 바 되어 경건하지 아니한 사람들의 심판과 멸망의 날까지 보존하여 두신 것이니라(벧후 3:3-7)

이 말씀에서 아무 일도 없는 지금처럼 앞으로도 심판이 없을 것이라고 주장하는 사람들이 있다는 것을 알 수 있습니다. 이들은 노아의 홍수 경고를 무시했던 사람들입니다. 오늘날 사람들은 어떤 태도를 갖고 있습니까? 종말이 오지 않을까 두려워했던 1999년이 아무 일 없이 지나가자 환호성을 올렸던 사람들은 그 이후로 종말에 별 신경을 쓰지 않는 것 같습니다.

그러나 많은 사람이 간과하고 있는 두 번째 가능성이 있습니다. 세상이 멸망하지 않아도 각자 인생 최후의 날 결국 하나님의 심판대 앞에 서게 된다는 사실입니다. 80~90세까지 사는 것이 보통이지만 불의의 사고나 질병 등으로 일찍 생을 마감할 수도 있습니다. 확실한 것은 그 마지막 날이 반드시 온다는 것입니다.

예수님을 영접한 하나님의 자녀는 첫 번째나 두 번째 경우에 상관없이 심판 대상이 되지 않습니다. 허락된 구원의 시간에 믿음으로 '예수'라는 구원의 방주에 탑승했기 때문입니다. 노아가 사람들의 비웃음 속에서도 방주를 지었던 것처럼 세상의 비웃음에 굴하지 않고 담대하게 복음을 전하여 심판 전 한 영혼이라도 더 하나님께 돌아올 수 있도록 온 힘을 다해야 할 것입니다.

> 만물의 마지막이 가까이 왔으니 그러므로 너희는 정신을 차리고 근신하여 기도하라(벧전 4:7)

요약

1 아담과 하와가 에덴동산에서 쫓겨난 후 가인은 동생 아벨을 죽이는 인류 최초의 살인자가 되었습니다. 가인은 복수에 대한 두려움 때문에 성을 쌓아서 스스로를 보호하려고 했습니다. 가인은 하나님을 의지하지 않고 스스로의 힘으로 살아가려는 오늘날 인본주의 문명의 창시자가 되었습니다.

2 가인의 후손 라멕은 더 나아가 연약한 소년을 죽인 것을 아내들에게 자랑하면서 하나님을 떠난 사람의 잔인함과 교만을 드러냈습니다. 이렇게 타락한 사람이 온 세상을 사악한 뱀, 짐승의 형상으로 가득 채우자 하나님께서는 홍수로 세상을 심판하셨습니다.

3 하나님 말씀에 온전히 순종하여 믿음으로 120년 동안 방주를 지은 노아와 그 가족만 홍수로부터 구원을 얻었습니다. 노아의 방주는 예수 그리스도를 통한 구원을 상징합니다. 믿음으로 예수님을 영접한 사람들은 하나님의 진노의 심판으로부터 구원을 얻습니다.

4 이 세상의 종말은 언제든지 올 수 있고 한 사람의 죽음으로도 올 수 있습니다. 구원의 방주이신 예수님을 영접하고 하나님께 순종하는 경건한 삶을 사는 것이 영원한 생명을 얻는 지혜로운 태도입니다.

묵상

1992년 10월에 예수님이 재림할 것이라고 주장하는 한 종교단체의 시한부종말론이 사회적으로 큰 파장을 몰고 왔습니다. 저는 당시 고등학교 2학년이었습니다. 한 친구는 종말이 오면 공부를 안 해도 된다며 환호했고, 다른 친구는 아직 장가도 못 갔는데 세상이 끝나는 것은 너무 억울하다며 너스레를 떨기도 했습니다.

1999년에는 지구종말이 온다는 노스트라다무스의 예언 때문에 온 세상이 떠들썩했던 기억도 생생합니다. 컴퓨터가 2000년 이후 연도를 인식하지 못하는 밀레니엄버그(Y2K)에 관한 이야기도 세기말의 혼란을 더했습니다. 빗나간 두 차례의 종말 예언 여파 때문인지 그 이후에는 교회에서조차 요한계시록이나 종말론에 대해 잘 다루지 않는 것 같았고 종말에 대한 제 관심도 점차 식어갔습니다.

그러던 중 종말에 대한 인식이 전환된 중대한 계기가 찾아왔습니다. 2008년 5월 어느 날 박사논문 작업을 하던 중 갑자기 눈앞이 캄캄해지고 의식이 흐릿해지면서 몸을 가눌 수가 없었습니다. 당시 집에 혼자 있던 저는 간신히 응급구조 신고를 할 수 있었습니다. 다행히 응급차가 신속하게 도착해서 병원으로 옮겨졌습니다. 각종 검사를 받아보니 심전도에 이상이 발생하여 일시적인 공황상태가 온 것이었습니다.

그전까지는 죽음에 대해 별로 생각해본 적이 없었습니다. 갑자기 겪은 일을 통해 종말을 두려워할 것도 없이 이렇게 갑자기 인생의 끝이 올 수 있다는 것을 실감했습니다. 여러분은 이 세상에 끝이 있다는 것과 여러분의 삶에도 종말이 반드시 온다는 사실에 대해 어떤 대비가 되어 있으십니까?

6 믿음: 하나님께서는 왜 아브라함에게 외아들 이삭을 죽이라고 하셨는가?

5장에서는 노아의 홍수 사건을 통해 장차 이 세상에 임할 최후의 심판과 구원의 방주 되신 예수 그리스도에 대해 이야기를 나누었습니다. 노아는 자신의 경험과 지식을 뛰어넘는 하나님의 대홍수 경고를 '믿음'으로 받아들여 구원을 얻었습니다. 이처럼 믿음은 성경이 가장 강조하는 주제입니다. 홍수에 대비하라는 이해할 수 없는 명령을 받았던 노아처럼 우리에게도 하나님께서 상식이나 경험을 뛰어넘는 믿음을 요구하실 때가 있습니다. 하나님께서는 왜 우리에게 그런 절대적인 믿음을 바탕으로 하는 순종을 요구하시는 것일까요? 6장에서는 외아들 이삭을 죽이라는 명령을 받았던 아브라함의 이야기를 통해 기독교 신앙에서 100% 순종과 믿음이 얼마나 중요한지 살펴보도록 하겠습니다.

1) 아브라함과 이삭의 믿음

- ### 다시 어두워지는 세상

창세기 10장을 보면 대홍수 이후 노아의 세 아들 셈, 함, 야벳의 후손이 다양한 민족을 이루어 전 세계로 급속하게 퍼져나갔다는 것을 알 수 있습니다. 하나님께서는 사람들이 홍수를 통해 죄의 무서운 결과를 깨닫고 돌아오기를 바라셨습니다. 그러나 사람들은 오히려 다수의 힘을 모아 하늘 높이 바벨탑을 건설하여 또 있을지 모를 홍수에 대비하려고 했습니다. 하나님을 의지하지 않고 성을 쌓아서 자신을 지키려고 했던 가인의 정신이 여전히 이어지고 있었던 것입니다.

> 또 말하되 자, 성읍과 탑을 건설하여 그 탑 꼭대기를 하늘에 닿게 하여 우리 이름을 내고 온 지면에 흩어짐을 면하자 했더니(창 11:4)

바벨탑을 쌓는 사람들의 주된 동기는 뱀에게 유혹당한 아담과 하와처럼 하나님과 같이 되겠다는 교만이었습니다("하늘에 닿게 하여"). 또한 높은 탑을 쌓은 업적을 인정받고자 하는 과시욕이었습니다("우리 이름을 내고"). "온 지면에 흩어짐을 면하자"는 결의는 "생육하고 번성하여 온 땅에 충만하라"는 하나님의 명령에 대한 정면 도전이었습니다. 하나님을 무시하고 많은 사람의 단합된 힘으로 단단한 구조물을 만들어내는 교만한 모습을 잘 보여주고 있습니다.

사람들이 한 곳에 모여들자 사람들 위에 군림하는 인류 역사상 최초의 권력자 니므롯이 등장합니다.

> 구스가 또 니므롯을 낳았으니 그는 세상에 첫 용사라 그가 여호와 앞에서 용감한 사냥꾼이 되었으므로 속담에 이르기를 아무는 여호와 앞에 니므롯 같이 용감한 사냥꾼이로다 하더라(창 10:8-12)

니므롯은 위협적인 맹수들로부터 사람들을 보호하는 사냥꾼으로 신임을 얻게 되었던 것 같습니다. 그러나 니므롯은 단순한 사냥꾼이 아닌 "세상의 첫 용사"였습니다. 그는 사람들을 모아 군대를 만들고 다른 집단들을 정복하여 압제하는 정복자이자 폭군이었습니다. 그의 정복사업은 다음 구절로도 증명됩니다.

> 그(니므롯)의 나라는 시날 땅의 바벨과 에렉과 악갓과 갈레에서 시작되었으며 그가 그 땅에서 앗수르로 나아가 니느웨와 르호보딜과 갈라와 및 니느웨와 갈라 사이의 레센을 건설했으니 이는 큰 성읍이라(창 10:10-12)

가인은 도시 하나를 건설했지만 니므롯은 바벨을 비롯한 수많은 도시를 건설하여 세력을 키운 후 앗수르를 비롯한 다른 인접 지역들까지 지배하는 대제국을 이룩했습니다. 니므롯은 요한계시록에 등장하는 적그리스도를 상징하는 인물입니다. 이름 자체가 '하나님을 대적하는(against God)'이라는 뜻입니다.

다니엘서(7장)와 요한계시록(13장)은 약자들을 정복하고 압제하는 세상의 제국들을 '짐승'으로 묘사하고 있습니다. 니므롯 이후 등장한 바벨론(신바빌로니아), 페르시아, 헬라제국(알렉산더 대왕의 그리스제국), 로마제국은 니므롯 같은 강력한 권력자가 많은 약자들을 정복하고 압제하는 약육강식의 짐승 습성을 가졌기 때문입니다. 하나님께서 허락하신 국가의 기능은 공의를 실천하며 약자들을 보호하는 것입니다. 절대권력을 쥔 한 사람이 백성을 압제하고 착취하며 심지어 다른 국가들을 침략하는 짐승제국들의 권세 배후에는 옛 뱀이자 용으로 묘사되는 마귀가 있습니다.

> 용이 짐승에게 권세를 주므로 용에게 경배하며 짐승에게 경배하여 이르되 누가 이 짐승과 같으냐 누가 능히 이와 더불어 싸우리요 하더라(계 13:4)

강한 힘을 과시하는 짐승의 모습에서 소년을 죽인 강한 힘을 자랑하던 라멕의 악한 모습이 한층 더 커진 것을 볼 수 있습니다. 이때부터 세상은 권력을 과시하며 약자 위에 군림하고 맹목적인 복종을 강요하는 짐승의 습성을 가진 권력자, 국가, 조직 때문에 고통을 당하게 되었습니다. 이런 짐승세력은 특히 성도들과 교회들의 강력한 대적자가 되어 초대교회 시대부터 지금까지 수많은 성도에게 고통을 가하고 죽이며 교회를 핍박하고 있습니다.

- **아브라함을 불러내신 하나님**

홍수로 심판당했던 뱀의 후손, 즉 짐승의 세력이 다시 세상을 장악해가던 때에 하나님께서는 노아의 10세손인 아브라함을 불러내심으로써 창세기에서 선포하신 '여자의 후손'을 통한 인류 구원계획을 본격적으로 실행에 옮기기 시작하셨습니다.

> 여호와께서 아브람에게 이르시되 너는 너의 본토 친척 아비 집을 떠나 내가 네게 지시할 땅으로 가라(창 12:1)

75세에 하나님의 부르심을 받은 아브라함[3]은 아직 자녀를 얻지 못했고 아내 사라도 나이가 많아 임신이 불가능한 상태였습니다. 고대 족장시대에 대를 이을 아들이 없다는 것은 가장 큰 저주로 여겨졌습니다. 우리가 상상하는 것 이상으로 큰 고통이었습니다. 하나님께서는 이렇게 절망 가운데 있는 아브라함에게 사라를 통해 대를 이을 아들을 주시겠다는 약속을 주셨습니다. 오랜 기다림 끝에 아브라함은 100세 되던 해 하나님의 약속대로 '이삭'이라는 귀한 아들을 얻게 되었습니다. 이렇게 사람의 힘으로는 불가능한 상황에서 태어난 이삭은 장차 사람의 힘이 아닌 성령으로 잉태되어 이 땅에 오시는 예수 그리스도를 상징하는 인물입니다.

• 이해할 수 없는 하나님의 명령

그런데 이삭이 씩씩한 소년으로 성장한 어느 날, 아브라함에게 이해할 수 없는 하나님의 충격적인 명령이 떨어졌습니다.

> 여호와께서 가라사대 네 아들 네 사랑하는 독자 이삭을 데리고 모리아 땅으로 가서 내가 네게 지시하는 한 산 거기서 그를 번제로 드리

---

3 부름 받은 당시 이름은 '아브람'이었으나 후에 하나님께서 '열국의 아비'라는 뜻의 '아브라함'이라는 새 이름을 주심

라(창 22:2)

이것은 청천벽력과도 같은 명령이었습니다. 그렇게 힘들게 얻은 외아들 '이삭'을 번제(태워서 바치는 제물)로 바치라니요? 그런데 더 놀라운 것은 아브라함의 태도입니다. 그는 하나님의 말씀에 순종하여 이삭을 정말로 죽이려고 했습니다. 이삭의 태도 또한 놀랍습니다. 당시 이삭은 최소한 10대 소년으로 성장해 있었습니다. 백 살이 훨씬 넘은 연로한 아버지가 자신을 죽이려 할 때 얼마든지 막을 수 있는 힘이 있었습니다. 그러나 이삭은 죽기까지 아버지 아브라함에게 순종했습니다.

드디어 아브라함이 떨리는 손으로 칼을 높이 치켜든 그때, 하늘로부터 하나님의 음성이 들려옵니다. "아브라함아! 아브라함아!" 얼마나 급하셨던지 하나님께서는 아브라함을 두 번이나 다급하게 부르셨습니다. 아브라함은 정말로 하나님의 말씀에 순종하여 아들을 죽이려고 했던 것입니다. 하나님께서 이삭을 죽이지 말라고 명령하심으로써 숨 막히는 긴장의 순간은 지나갔습니다.

아브라함은 도대체 무슨 생각으로 하나밖에 없는 아들 이삭을 죽이려고 했던 것일까요? 히브리서에 그 이유가 나옵니다.

아브라함은 시험을 받을 때에 믿음으로 이삭을 드렸으니 그는 약속을 받은 자로되 그 외아들을 드렸느니라 그에게 이미 말씀하시기를 네 자손이라 칭할 자는 이삭으로 말미암으리라 하셨으니 그가 하나님이 능히 이삭을 죽은 자 가운데서 다시 살리실 줄로 생각한지라 비유컨대 그를 죽은 자 가운데서 도로 받은 것이니라(히 11:17-

19)

아브라함은 하나님께서 이삭을 통해 대를 잇게 해주신다는 약속을 굳게 믿었기 때문에 이삭을 죽여도 하나님께서 다시 살려주실 것으로 믿었다는 것입니다. 아브라함은 구약시대에 이미 부활에 대한 굳건한 믿음을 보여주고 있습니다.

- **하나님의 진심이 드러나다**

아브라함이 외아들 이삭을 내놓을 정도로 절대 순종하는 믿음을 가진 것을 확인하신 하나님께서는 이삭 대신 미리 준비하신 숫양을 번제로 드리게 하셨습니다.

> 아브라함이 눈을 들어 살펴본즉 한 숫양이 뒤에 있는데 뿔이 수풀에 걸렸는지라 아브라함이 가서 그 숫양을 가져다가 아들을 대신하여 번제로 드렸더라(창 22:13)

아브라함의 절대 순종하는 믿음에 감동하신 하나님께서는 아브라함에게 원대한 구원계획을 펼쳐놓으십니다.

> …… 네가 이같이 행하여 네 아들 네 독자를 아끼지 아니했은즉 내가 네게 큰 복을 주고 네 씨로 크게 성하여 하늘의 별과 같고 바닷가의 모래와 같게 하리니 네 씨가 그 대적의 문을 얻으리라(창 22:16-17)

"네 아들 네 독자를 아끼지 아니했은즉"이라는 말씀에서 이해할 수 없었던 하나님의 명령이 조금씩 이해되기 시작합니다. 하나님께서 아브라함에게 외아들 이삭을 제물로 바치라고 명령하신 것은 이미 하나님의 외아들 예수 그리스도를 사람 대신 희생시키려는 결심을 보여주신 것입니다.

---

2) 믿음으로 전해진 하나님의 구원계획

- 아브라함을 통해 드러난 성부 하나님의 마음

이 사건은 하나님의 구원계획을 크게 세 가지로 상징합니다. 첫 번째는 사랑하는 외아들 이삭을 죽여야 하는 아버지 아브라함의 모습입니다. 아브라함은 가장 소중한 외아들 예수를 십자가에 못 박으신 아버지 하나님의 모습을 생생하게 드러냅니다. 하나님께서는 아브라함이 이삭을 자신의 목숨보다 더 사랑한다는 것을 알고 계셨습니다. 그러나 아담과 하와에게 '가죽옷'을 지어 입히신 것을 볼 때, 하나님께서는 이미 외아들 예수를 사람 대신 제물로 내놓고자 결심하신 상태였습니다. 하나님께서는 아브라함에게 이렇게 도전하신 것입니다.

> 내가 가장 사랑하는 외아들 예수를 너를 위해 내어줄 정도로 난 널 사랑한단다. 너도 네 가장 사랑하는 외아들 이삭을 나에게 바칠 정도로 나를 사랑하느냐?

아들 이삭을 제물로 바친
아브라함

아들 예수를 십자가에
못박으신 성부 하나님

<그림 11> 아브라함-이삭과 성부 하나님-예수 그리스도 비교

아브라함이 아무 죄가 없는 아들 이삭을 희생제물로 제단에 올렸던 것처럼 하나님께서는 아무 죄가 없는 아들 예수 그리스도를 십자가의 제물로 내놓으셨다.

하나님께서 여러분에게 같은 질문을 하신다면 어떻게 대답하시겠습니까? 아버지 아브라함이 외아들 이삭을 제물로 희생시키는 것이 얼마나 힘든 일인지 실감한다면 하나님께서 외아들 예수를 십자가 제물로 삼으신 것은 정말로 엄청난 결단이 아닐 수 없습니다. 예수님을 믿으면 구원을 받는다는 말 이면에는 이처럼 외아들을 희생시키시는 아버지 하나님의 애타는 마음이 담겨 있습니다.

- 이삭을 통해 드러난 성자 예수님의 희생

두 번째로 이삭의 태도는 십자가에 자기 몸을 버리신 예수 그리스도의 온유한 순종을 상징합니다. 아브라함에게 자신의 생명을 맡기는 이삭의 모습에서 하나님의 뜻에 순종하여 십자가에 달리신 예수님의 온유한 모습이 드러납니다.

세 번째는 수풀에 걸려 있던 숫양입니다. 양은 사람이 털을 깎으면 깎이고, 죽이면 죽어야 하는 연약한 동물입니다. 이삭이 제물로 죽어야 하는 상황에서 하나님께서는 미리 준비하신 숫양을 이삭 대신 제물로 바치게 하셨습니다.

에덴동산에서 사람의 수치를 가려준 하나님의 가죽옷은 성경 전체적인 맥락에서 볼 때 양을 잡아서 얻은 양가죽이었을 가능성이 큽니다. 아무런 저항 없이 죽임을 당하고 가죽을 내어준 양처럼 이삭도 아버지 아브라함의 손에 자신의 생명을 맡겼습니다. 예수님께서도 스스로 하나님께 자신의 생명을 맡기신 "죽임을 당하신 어린 양"이 되셨습니다.

> …… 죽임을 당하신 어린 양은 능력과 부와 지혜와 힘과 존귀와 영광과 찬송을 받으시기에 합당하도다(계 5:12)

- **마리아의 믿음을 통해 이 땅에 오신 여자의 후손**

아브라함의 100% 순종하는 믿음에 감동하신 하나님께서는 아브라함의 후손 중에서 천하 만민에게 복을 얻게 할 구원자를 보내시겠다는 확고한 약속을 주십니다. 이것이 바로 '복음'입니다.

> 또 네(아브라함의) 씨(후손, offspring)로 말미암아 천하 만민이 복을 얻으리니 이는 네가 나의 말을 준행했음이니라 하셨다 하니라(창 22:18)

인류가 오랫동안 기다려온 구원자 '여자의 후손'은 셋과 노아, 아브라함, 이스라엘의 왕 다윗을 거치는 믿음의 계보를 따라 요셉과 동정녀 마리아를 통해 이 땅에 태어나셨습니다. 신약성경의 첫 책인 마태복음의 첫 구절이 다음과 같이 시작하는 것은 이 때문입니다.

> 아브라함과 다윗의 자손 예수 그리스도의 세계(계보, 족보)라 아브라함이 이삭을 낳고 이삭은 야곱을 낳고 야곱은 유다와 그의 형제를 낳고 …… (중략) …… 마리아의 남편 요셉을 낳았으니 마리아에게서 그리스도라 칭하는 예수가 나시니라(마 1:1-16)

아브라함이 하나님의 명령에 순종한 것처럼 아브라함의 믿음의 후손 요셉과 마리아도 이해할 수 없는 하나님의 말씀에 온전히 순종했습니다. 마리아는 당시 처녀가 임신하면 율법에 따라 죽임을 당한다는 것을 알면서도 말씀에 순종했던 믿음의 여인이었습니다.

> 마리아가 이르되 주의 여종이오니 말씀대로 내게 이루어지이다 …… (눅 1:38)

최초의 사람 아담은 하나님의 말씀에 불순종하여 모든 후손을 죄의 노예로 만들었습니다. 그러나 최초의 부활한 '새 사람' 예수 그리스도께서는 하나님께 온전히 순종하심으로써 모든 믿는 사람에게 생명과 자유를 회복시켜주셨습니다. 최초의 여자 하와는 하나님의 말씀에 온전히 서지 못하여 뱀의 유혹에 빠졌지만, 마리아는 온전한 믿음으로 '여자의 후손' 예수 그리스도를 낳아 뱀에게 통쾌한 복수를 하게 되었습니다.

- **뱀의 후손을 이기신 여자의 후손 예수 그리스도**

창세기에 약속된 여자의 후손, 노아의 방주와 이삭을 통해 예고된 구원자, 아브라함과 다윗의 후손이신 예수 그리스도께서 이 땅에 오셨을 때는 로마제국이 세상을 지배하고 있었습니다. 로마제국은 강력한 군사력과 우수한 문화를 앞세워 수많은 나라와 민족들을 정복하여 유럽, 아시아, 아프리카에 걸친 대제국을 건설했습니다. 이스라엘도 로마제국의 식민지였습니다. 예수님은 로마제국의 초대 황제인 가이사 아구스도[4] 치하에서 태어나셨고, 디베료 황제[5] 때 십자가에 못 박히셨습니다.

로마제국은 거짓말로 아담과 하와를 죽인 옛 뱀으로부터 시작하여 의로운 아벨을 죽인 가인, 소년을 죽인 라멕, 많은 약자들을 죽이고 정복한 니므롯의 짐승제국 계보를 이어받아 예수님을 십자가에 못 박아 죽였습니다. 십자가 고난은 뱀의 후손이 여자의 후손 발꿈치를 상하게 할 것이라는 창세기 예언의 성취입니다. 그러나 마귀에게 일시적 손상을 입으신 예수님은 사흘 만에 부활하셔서 마귀의 사망권세를 완전히 무너뜨리셨습니다. 이로써 여자의 후손이 뱀의 후손 머리를 상하게 하시겠다는 창세기의 예언이 성취되

4　시저 아우구스투스(BC 63~AD 14). 율리우스 시저의 양아들로, 본명은 옥타비아누스

5　티베리우스 황제(AD 14~37)

었습니다. 예수 그리스도께서 재림하실 때 마귀는 영원한 멸망으로 들어가는 심판이 예정되어 있습니다.

> 또 내가 보매 천사가 무저갱의 열쇠와 큰 쇠사슬을 그의 손에 가지고 하늘로부터 내려와서 용을 잡으니 옛 뱀이요 마귀요 사탄이라 …… (계 20:1-2)

오늘날 로마제국은 무너졌고 천하를 호령하던 황제들도 모두 무덤으로 들어갔습니다. 그 이후 등장한 세상 제국들과 절대권력자들도 모두 역사의 뒤편으로 사라졌습니다. 그러나 자신이 창조한 사람들을 위해 생명을 버리신 우리의 진정한 왕 예수 그리스도께서는 죽음을 이기고 부활하셔서 "세세토록 살아"계십니다.

> …… 두려워 하지 말라 나는 처음이요 마지막이니 곧 살아 있는 자라 내가 전에 죽었었노라 볼지어다 이제 세세토록 살아 있어 사망과 음부의 열쇠를 가졌노니 …… (계 1:17-18)

예수 그리스도를 왕으로 섬기는 수많은 성도로 이뤄진 하나님 나라는 짐승세력의 온갖 핍박과 유혹에도 불구하고 끊임없이 세상 끝을 향하여 확장되고 있습니다. 아직도 남아 있는 짐승의 권세가 지배하는 현실이 암담하게 느껴지고, 하나님께서 요구하시는 순종이 자신의 상식과 경험으로 볼 때 불가능하게 느껴질 수도 있습니다. 그러나 우리 그리스도인은 예수 그리스도의 부활로 짐승의 권세가 이미 무너졌다는 것을 확신하며 아브라함, 이삭, 마리아와 같이 절대 순종하는 '믿음'으로 이 땅에 남아있는 마귀의 짐승세력을 몰아내고 하나님 나라를 확장하는 거룩한 사명을 수행하고 있습니다.

> 그러므로 믿음으로 말미암은 자는 믿음이 있는 아브라함과 함께 복을 받느니라(갈 3:9)

요약

1. 노아의 홍수 이후 다시 번성한 인류는 사람들 사이에서 급부상한 권력자 니므롯을 중심으로 바벨탑을 쌓고 제국을 건설하여 강자가 약자를 지배하는 오늘날과 같은 약육강식의 세상을 만들었습니다.
2. 하나님께서는 아브라함을 선택하셔서 죄악으로 가득한 세상에서 다시 믿음의 계보를 이어나가게 하셨습니다. 아브라함은 외아들 이삭을 번제로 바치라는 하나님의 이해할 수 없는 명령에 순종하여 이삭을 정말로 죽이려고 했으나 하나님께서 마지막 순간에 중지시키셨습니다.
3. 외아들 이삭을 제물로 바치려 한 아브라함은 외아들 예수 그리스도를 사람 대신 십자가 제물로 죽이신 성부 하나님의 아픔을 상징합니다. 아무런 죄 없이 죽어야 하는 이삭과 이삭 대신 죽임을 당한 숫양은 죄 없이 십자가에서 죽임을 당하신 예수 그리스도의 희생을 상징합니다.
4. 믿음의 조상 아브라함의 믿음의 자손 마리아를 통해 이 땅에 오신 여자의 후손 예수 그리스도께서는 니므롯 제국의 후예인 로마제국에 의해 십자가에서 죽임을 당하셨으나 사흘 만에 부활하셔서 영원한 승리를 거두셨습니다.

묵상

아브라함의 믿음과는 비교할 수도 없지만 그나마 제 수준에서 믿음과 순종의 중요성에 대해 깨닫게 된 계기가 있었습니다. 대학교 4학년 때 통번역사를 꿈꾸며 통번역대학원 입시를 준비했던 때였습니다. 그 당시 아침부터 밤늦게까지 정말 열심히 공부했습니다. 학원 선생님께서 1차시험은 문제가 없으니 2차 면접 대비나 잘 하라고 하셔서 은근한 자신감도 있었습니다. 그러나 저는 1차 시험에서 떨어지고 말았습니다. 2차도 아니고 1차 시험에서 떨어지니 솔직히 자존심도 크게 상했지만 취업준비도 하지 않고 '올인'했던 시험이어서 졸업 후 진로가 막막하다는 것이 더 큰 문제였습니다.

그러나 저는 그 자리에서 바로 무릎을 꿇고 하나님께 이렇게 기도를 드렸습니다. "하나님, 그동안 최선을 다한 것 같은데 왜 이런 결과가 나왔는지 솔직히 이해가 잘 되지 않습니다. 그러나 주신 결과에 감사합니다. 앞으로 갈 길도 인도해주세요."

그 후 저는 모든 진로가 막힌 상태에서 미국으로 유학을 떠나 제 적성에 맞는 새로운 진로를 찾게 되었습니다. 지금 되돌아보면 그때 드렸던 믿음의 기도가 제 인생의 중대한 분기점이 된 것 같습니다. 그때 믿음으로 반응하지 않고 원망을 선택했다면 지금 어떤 인생길을 걸어갔을지 모르겠습니다. 여러분은 하나님께서 이해할 수 없는 명령이나 예상치 못한 결과를 믿음으로 받아들일 것을 요구하실 때 어떻게 반응하십니까?

7 하나님의 마음: 사람을 향한 하나님의 마음은 무엇인가?

앞서 2장에서는 마귀가 어떻게 교묘한 거짓말로 하나님의 형상을 왜곡하면서 사람을 유혹하는지 살펴보았습니다. 3~6장을 읽으시면서 하나님에 대한 많은 오해가 풀리는 경험도 하셨을 것입니다. 아담의 범죄 이후 오늘날까지 많은 사람들이 하나님에 대한 수많은 오해와 왜곡된 인식 가운데 힘들게 살아가고 있습니다. 7장에서는 '돌아온 탕자(방탕한 아들)의 비유'를 통해 왜곡과 오해에 가려진 하나님의 마음에 대해 생각해보면서 1부를 마무리하고자 합니다.

1) 아버지와 두 아들 이야기

- 죄인의 회개를 기뻐하시는 하나님

우리에게 잘 알려진 '돌아온 탕자의 비유'는 누가복음 15장에 나오는 이야기입니다. 당시 유대 종교 지도자들은 예수님께서 세리나 창녀와 같이 사회에서 멸시받는 죄인들과 교류하는 것을 못

마땅하게 여겼습니다. 그러나 예수님께서는 잃은 양 비유(3-7절), 잃은 드라크마 비유(8-10절), 탕자의 비유(11-32절)를 통해 회개하고 돌아오는 죄인을 안아주시는 아버지 하나님의 따뜻한 진심을 전해주십니다.

탕자의 비유는 아버지의 따뜻한 품을 떠나서 비참한 신세가 된 둘째 아들 탕자가 회개하고 아버지 품에 다시 안기는 이야기입니다. 이 이야기에는 세 명의 등장인물이 나옵니다. 먼저 한 집안에 엄청난 재산을 소유한 아버지가 있습니다. 아버지를 도와 성실하게 일하는 첫째 아들이 있습니다. 그리고 아버지와 형을 떠나서 자기 마음대로 살아보고 싶은 둘째 아들이 있습니다.

- **둘째 아들 이야기: 내 맘대로 살고 싶다**

둘째 아들 탕자는 어느 날 아버지께 한 가지 요청을 합니다.

> 아버지여 재산 중에서 내게 돌아올 분깃(몫, portion)을 내게 주소서 하는지라(눅 15:12)

그는 아버지 덕분에 풍족한 삶을 누리면서도 아버지의 품을 벗어나 마음껏 자유를 누리는 삶을 꿈꾸고 있었습니다. 그가 생각하는 자유란 아버지 눈치 보지 않고 마음껏 즐기는 삶이었습니다. 매사에 바르고 성실한 아버지와 그런 아버지 말씀에 토 달지 않고 묵묵히 일만 하는 형의 모습은 따분하고 답답하게만 보였습니다. 둘째 아들 생각에는 돈만 많으면 넓은 세상에 나가서 아버지 간섭 없이 형 눈치 보지 않고 마음대로 사는 자유를 누릴 수 있을 것처럼 보였습니다.

처음에는 다 좋았습니다. 돈이 있으니 주변에 사람들이 몰려들었고 날마다 친구들과 어울려 신나게 즐기는 꿈과 같은 날들이 이어졌습니다. 그러나 흥청망청하는 생활은 오래가지 못했습니다. 아버지께 받은 돈이 다 떨어지자 친구들도 모두 떠나갔습니다. 큰 흉년이 들어 더욱 곤궁한 지경이 되자 둘째 아들은 어쩔 수 없이 남들이 기피하는 돼지 치는 일을 하게 됩니다. 사람들에게 무시당하는 것도 서럽지만 돼지가 먹는 쥐엄나무 열매조차 충분히 먹을 수 없는 배고픔은 도저히 견딜 수 없었습니다.

둘째 아들은 그제서야 답답하게만 느껴졌던 아버지의 품 안이 큰 축복이었음을 깨닫게 됩니다. 그런데 그는 여기서 자기 나름대로의 판단 기준에 따라 이런 생각을 하게 됩니다.

> 지금부터는 아버지의 아들이라 일컬음을 감당하지 못하겠나이다
> 나를 품꾼의 하나로 보소서 하리라 하고(눅 15:19)

둘째 아들은 자신의 행위에 스스로 책임을 지겠다는 나름 합리적인 결정을 내렸습니다. 잘못을 했으니 품꾼(종)으로 써달라고 하면 아버지 낯을 볼 염치도 있고 돌아가기로 한 결정의 명분도 생기는 묘안이었습니다.

그러나 아버지는 아들과 생각하는 차원 자체가 달랐습니다. 아버지는 먼 거리에서도 아들을 먼저 알아보고 맨발로 달려가 목을 안고 입을 맞췄습니다. 이것은 아버지가 평소에도 아들이 돌아오기만을 간절히 기다리고 있었다는 것을 의미합니다. 아버지는

초라한 몰골로 돌아온 아들을 측은히 여기는 자비로운 분이었습니다. 아버지는 아들에게 자신을 떠날 자유도 허락했지만, 돌아온 아들을 다시 받아들이고 성대한 잔치를 열도록 했습니다.

> 아버지는 종들에게 이르되 제일 좋은 옷을 내어다가 입히고 손에 가락지를 끼우고 발에 신을 신기라 그리고 살진 송아지를 끌어다가 잡으라 우리가 먹고 즐기자 이 내 아들은 죽었다가 다시 살아났으며 내가 잃었다가 다시 얻었노라 하니 그들이 즐거워하더라(눅 15:22-24)

이러한 아버지의 태도는 둘째 아들의 논리와 예상을 훨씬 뛰어넘는 것이었습니다. 예전에 둘째 아들은 아버지가 자신의 자유를 통제하는 엄격한 분인 줄 알았습니다. 그래서 돌아가면 아들 취급도 받지 못할 것이라고 생각했습니다. 그는 이렇게 자비롭고 사랑이 많으신 아버지를 자기 수준에서 함부로 판단하면서 오해와 착각에 빠져 살았던 것입니다. 그는 아버지의 용서와 사랑으로 다시 존귀한 아들 신분을 회복했습니다.

둘째 아들 이야기는 여기에서 끝나지만 이후 그의 삶이 어떻게 달라졌을지 한 번 상상해보고 싶습니다. 그는 이제 아버지와 함께하는 삶이 풍족함과 보호를 누리는 큰 축복이었음을 깨닫고 감사했을 것입니다. 아버지, 형과 함께 농장을 가꾸면서 그동안 살아보지 못했던 성실한 일상의 삶을 열심히 살았을 것입니다. 돈을 함부로 쓰면서 놀 때는 몰랐던 일의 보람도 깨닫게 되고 자신이 탕진해버린 재산이 아버지와 형의 피땀 어린 고생으로 얻은 것이라는 사실도 깨달았을 것입니다. 아버지와 함께 땀 흘려 일하면서 점점 더 풍성해지는 재산을 바라보면서 흐뭇한 미소를 서로 주고받았을 것입니다.

그러던 어느 날 충분히 장성한 둘째 아들을 지켜보던 아버지는 아들을 위해 오랫동안 준비해놓은 풍족한 상속재산을 물려주었을 것입니다. 이제 아들이 재산을 마음대로 탕진하지 않고 잘 관리할 수 있는 성숙한 인격과 경영능력을 충분히 갖췄다고 판단했기 때문입니다. 둘째 아들은 상상을 넘어서는 아버지의 사랑과 자비에 감격하면서 아버지를 엄격하고 무서운 분으로 오해하여 멀리 도망가려고 했던 자신의 철없던 예전 모습을 다시 한 번 떠올렸을 것입니다.

- **첫째 아들 이야기: 대반전**

그런데 여기서 이 이야기의 대반전이 일어납니다. 평소 아버지 말씀에 묵묵히 순종하며 일하던 첫째 아들이 울분을 터뜨린 것입니다.

> 아버지께 대답하여 이르되 내가 여러 해 아버지를 섬겨 명을 어김이 없거늘 내게는 염소 새끼라도 주어 나와 내 벗으로 즐기게 하신 일이 없더니 아버지의 살림을 창녀들과 함께 삼켜 버린 이 아들이 돌아오매 이를 위해 살진 송아지를 잡으셨나이다(눅 15:29-30)

첫째 아들은 재산을 축내고 돌아온 동생을 위해 잔치를 베푸는 것은 옳지 않다며 불만을 터뜨립니다. 그는 아버지가 동생을 편

애하는 불공평한 분이고, 그동안 아버지를 위해 땀 흘려 고생한 자신에게는 '염소 새끼' 한 마리 주지 않을 정도로 인색하고 매정한 아버지였다고 주장하고 있습니다. 여기서 우리는 그동안 드러나지 않았던 첫째 아들의 진면목을 보게 됩니다.

아버지 말씀에 순종해왔던 첫째 아들은 의무적으로 일하고 있었기 때문에 마음속에 기쁨이 없었습니다. 그가 사용한 "섬겨"라는 단어는 헬라어로 "둘류오"인데, 이 단어는 종이나 노예가 하는 일을 의미합니다. 첫째 아들은 인색한 아버지가 자신을 종처럼 부려먹는다는 큰 오해에 빠진 상태에서 일하고 있었다는 것입니다.

첫째 아들도 둘째 아들과 마찬가지로 자기 나름대로의 판단 기준을 갖고 있었습니다. 둘째 아들의 논리가 '잘못하면 처벌받아야 한다'는 것이었다면 첫째 아들은 '잘하면 보상을 받아야 한다'는 논리였습니다. 두 아들의 기준은 자신의 행위에 따른 보상과 처벌을 주장한다는 점에서 사실 같은 기준의 상반된 두 측면임을 알 수 있습니다.

첫째 아들의 주장은 얼핏 들으면 합리적인 것 같지만 서로 사랑하는 부모와 형제 관계라는 점을 고려하지 않고, 형편없는 몰골로 돌아온 동생을 불쌍히 여기지 않는 냉혹한 잣대였습니다. 욕구를 억압하며 마음의 여유 없이 살아온 첫째 아들의 차가운 눈에는 재산을 탕진하고 기어들어온 동생이 참 한심하게 보였습니다. 이런 첫째 아들의 분노에 대한 아버지의 반응 역시 그의 판단과 예상을 훨씬 뛰어넘습니다.

아버지가 이르되 얘 너는 항상 나와 함께 있으니 내 것이 다 네 것이로되 이 네 동생은 죽었다가 살아났으며 내가 잃었다가 얻었기로 우리가 즐거워하고 기뻐하는 것이 마땅하다 하니라(눅 15:31-32)

이 말씀에 모든 오해가 풀립니다. 첫째 아들 역시 둘째 아들과 마찬가지로 자신의 선악 기준에 얽매여 아버지의 마음을 헤아리지 못하고 큰 오해 속에 갇혀 살았습니다. 그는 인생을 엄격한 기준에 따라 열심히 살고 있다고 생각했지만 정작 아버지와의 관계에서 누리는 사랑과 기쁨을 놓치고 있었습니다. 그가 아버지를 위해 종처럼 일하고 있다는 것은 큰 착각이었습니다. 아들을 잘 훈련시켜 장차 큰 재산을 상속받게 하려는 아버지의 깊은 마음을 헤아리지 못한 모범생 첫째 아들도 철이 없기는 둘째 아들과 마찬가지라고 할 수 있습니다.

만약 첫째 아들이 아버지의 진면목을 본 그날 회개했다면 이후 어떤 삶을 살게 되었을까요? 그는 이제 의무의 굴레를 벗어던지고 아버지와 깊은 대화를 나누면서 인격적 관계와 사랑에 대해 배워나갔을 것입니다. 힘들 때는 아버지께 솔직하게 말하면서 아버지의 격려와 따뜻한 도움의 손길을 체험하는 행복한 삶을 살았을 것입니다. 또한 자신보다 연약한 동생을 용납하고 섬기는 자상한 형이 되었을 것입니다. 그런 첫째 아들의 성숙한 모습을 뒤에서 흐뭇하게 지켜보고 있던 아버지는 어느 날 준비된 풍족한 재산을 아들에게 물려주었을 것입니다. 첫째 아들은 아버지의 마음을 헤아리지 못하고 동생에게 속 좁은 마음을 품었던 자신의 메마른 예전 모습을 다시 한 번 떠올렸을 것입니다.

2) 두 부류의 죄인

이 이야기에서 우리는 두 부류의 사람을 발견하게 됩니다. 둘째 아들은 하나님을 떠나서 감각적인 욕구에 충실한 방탕한 삶을 살아온 사람, 권위에 대한 반감이 강한 사람들을 상징합니다. 반대로 첫째 아들은 오랫동안 형식적이고 의무적인 신앙생활을 해온 사람, 엄격한 윤리적 기준이나 냉철한 자기논리에 따라 살아온 사람들을 상징합니다. 한 사람이 두 부류의 특징을 모두 가질 수도 있습니다. 이들의 특징에 대해 자세하게 살펴보겠습니다.

- **둘째 아들: 겉으로 드러나는 죄인**

먼저 둘째 아들 유형의 사람들은 신앙생활을 억압과 통제로 받아들이는 사람들입니다. 이 사람들은 자신의 감정과 욕구를 최우선순위에 두고 살아갑니다. 해야 할 일보다는 당장의 욕구를 충족시키는 자유로운 삶이 행복이라고 생각합니다. 부모나 어른들의 조언도 간섭으로 여겨 잘 받아들이지 않습니다. 그러나 인생에서 감정과 욕구만을 기준으로 마음대로 살다가 낭패를 보는 일들이 얼마나 많은지 모릅니다.

가장 큰 아이러니는 반항하는 자녀에게서 부모님께 반항하던 자신의 옛 모습을 발견하게 되는 상황입니다. 자신은 부모에게 반항했으면서 정작 자녀들에게는 자신의 판단 기준을 강요하는 이중잣대를 드러냅니다. 또 다른 경우에는 윗사람이 어떤 요구를 하면 왜 일방적이냐고 맞서면서도 아랫사람에게는 오히려 자신의 주장을 강요하는 사람들도 있습니다. 이러한 이중 잣대의 모순은 결국 내 마음대로 다 하겠다는 자기중심적 사고방식 때문입니다. 다행히 둘째 아들은 솔직하게 자신의 잘못을 깨닫고 아버지께 돌아가 용서를 구했고 아버지는 그를 사랑으로 다시 맞아들였습니다.

- **첫째 아들: 드러나지 않는 죄인**

첫째 아들 부류의 사람들은 정반대입니다. 이 사람들은 힘든 일도 인내하며 열심히 일하는 모범적인 사람들입니다. 그러니 주변에서 성실하고 책임감도 강하다는 좋은 평판을 얻게 됩니다. 피땀 흘리는 노력으로 높은 사회적 지위에 오르는 기득권층도 이 부류에 속합니다.

그런데 이런 사람들은 내면에 문제가 생기기 쉽습니다. 둘째 아들의 경우 일하기 싫어하는 게으른 성격과 방탕함, 반항심 같은 문제점들이 겉으로 드러나는 경우라면 첫째 아들 경우는 문제가 있어도 밖으로 잘 드러나지 않습니다. 그러니 내면 깊은 곳에 억눌러놓은 부정적 감정들이 속으로 썩어가거나 숨어 있던 위선이 한 번에 터져 나오면서 큰 문제가 됩니다. '하나님은 왜 나에게 힘든 일만 주시는가?'라고 속으로 불만을 터뜨리기도 하고 연약한 신앙을 가진 사람들이나 방탕하게 사는 세상 사람들을 한심하게 생각하면서 정죄하기도 합니다. 아버지와 동생에게 울분을 터뜨리는 첫째 아들에게서 이런 모습을 발견할 수 있습니다.

이 부류는 예수님께서 '회칠한 무덤'이라고 신랄하게 비판하셨던 바리새인과 같이 겉과 속이 다른 위선자의 모습으로 나타나기도 합니다. 이와는 조금 다른 상황이지만 착하고 성실하게 살다가 오랫동안 제대로 표현도 하지 못하고 억눌러온 스트레스가

화병이나 암 같은 질병으로 드러나는 경우는 가장 안타까운 일입니다.

• 회개하지 않은 첫째 아들

당자의 비유를 자세하게 살펴보면 한 가지 흥미로운 사실을 발견할 수 있습니다. 둘째 아들은 잘못을 뉘우치고 아버지께 돌아오는데 첫째 아들이 아버지 말씀을 듣고 회개하는 장면이 나오지 않는다는 것입니다. 이렇게 본다면 자기 마음대로 살고자 아버지를 떠난 둘째 아들도 문제였지만 마음속 깊이 숨겨둔 죄와 위선을 회개하지 않는 첫째 아들이 더 심각한 죄인이라고 볼 수도 있습니다. 그래서 예수님 당시 창녀와 세리 같이 사회적으로 지탄받는 죄인들은 회개하고 예수님께 돌아온 반면에 사회지도층인 바리새인은 '회칠한 무덤'이자 '독사의 자식'이라는 예수님의 신랄한 질책을 받은 것입니다.

끝까지 회개하지 않는 대표적인 첫째 아들 유형이 예수님의 제자 가룟 유다입니다. 유다는 열심당원으로 활동했습니다. 열심당은 당시 로마제국의 압제에 저항한 조직이었습니다. 오늘날 기준으로 보아도 유다는 정의롭고 사회변혁에 대한 열정이 대단한 사람이었습니다. 예수님께서 살리신 나사로의 여동생 마리아가 값비싼 향유를 예수님의 발에 부었을 때 유다는 마리아를 이렇게 질책했습니다.

> 이 향유를 어찌하여 삼백 데나리온에 팔아 가난한 자들에게 주지 아니했느냐 하니(요 12:5)

그러나 사도 요한은 곧이어 유다의 감춰진 위선을 폭로하고 있습니다.

> 이렇게 말함은 가난한 자들을 생각함이 아니요 그는 도둑이라 돈궤를 맡고 거기 넣는 것을 훔쳐 감이러라(요 12:6)

유다는 십자가의 길을 걸어가시는 예수님의 모습을 보면서 조국을 해방시킬 정치적 메시야에 대한 자신의 기대가 허물어지는 실망감을 느꼈을 것입니다. 이 실망감은 그가 제사장 무리에게 은 30전을 받고 예수님을 팔아넘기는 배신으로 이어집니다. 그러나 유다는 정의로운 기준에 어긋나는 배신을 저지른 자신을 용서하지 못하고 자살하고 맙니다. 만약 그가 예수님을 부인한 베드로처럼 회개하고 돌아왔다면 하나님께서 용서하지 않으셨을까요?

유다는 예수님과 3년간이나 함께 지냈지만 예수님께서 드러내신 사랑과 용서의 하나님 형상을 제대로 발견하지 못했습니다. 그는 선악과를 따먹은 사람이 스스로 만들어낸 선악 기준의 덫에 빠져 비극을 자초했습니다. 자신의 선악 기준에 따라 사람들을 판단하고 정죄하면서 살아온 유다의 정의는 본인의 잘못도 용납하지 못했습니다. 유다는 하나님의 사랑을 버리고 선악과를 따먹은 사람의 기준이 가진 한계와 비극적 결말을 생생하게 보여줍니다.

첫째 아들 유형이라고 해서 모두 가룟 유다의 길을 걸어간 것은 아닙니다. 사도행전 10장에 등장하는 백부장(centurion)[6] 고넬

---

6 부하 100명을 지휘하는 로마군의 장교로서 '고넬료'는 라틴어로 '코르넬리우스'임

료는 로마제국의 엘리트 장교였지만 사도 베드로에게 복음을 듣고 겸손하게 예수님을 영접하는 지혜로운 선택을 했습니다.

정리하자면, 탕자의 비유는 겉으로 방탕한 둘째 아들뿐만 아니라 속으로 병든 첫째 아들도 아버지의 자비가 필요한 죄인임을 보여줍니다. 여기에서 중요한 것은 어떤 유형인가에 상관없이 우리 모두 하나님의 무조건적인 자비와 용서가 필요한 죄인들이라는 것입니다. 하나님께서는 겸손하게 돌아오는 모든 죄인을 품 안에 안아주십니다. 잘못을 깨닫는 즉시 따뜻한 아버지의 품으로 돌아가는 것이 지혜로운 선택입니다.

• 하나님 나라를 상속받는 그날을 소망하며

탕자의 비유 이야기를 통해 우리는 창세기에서 요한계시록까지 성경이 드러내는 핵심 주제를 쉽게 이해할 수 있습니다. 아담과 하와는 영원한 생명과 자유를 주신 하나님의 축복을 거부하고 둘째 아들처럼 자기 마음대로 살고자 선악과를 먹고 하나님의 품을 떠났습니다. 아버지 하나님이 자유를 억압하는 엄격한 분인 것처럼 왜곡하는 마귀에게 속았기 때문입니다. 지금 보면 마귀가 말하는 자유는 고작해야 '가출할 자유'에 지나지 않았다는 것을 알 수 있습니다. 이때부터 사람은 자기 마음대로 살게 되었습니다. 그러나 무한한 생명의 근원이신 하나님과의 관계가 끊어지자 질병, 가난, 기근, 자연재해, 전쟁 등 온갖 문제를 겪어야 했고 결국 죽음에 이르는 비참한 처지가 되었다는 것을 돼지치기로 전락한 둘째 아들 탕자를 통해 볼 수 있습니다.

반대로 둘째 아들 같은 연약한 사람들에게 가혹한 비판과 정

죄를 가하는 우리의 또 다른 죄인 된 측면을 첫째 아들을 통해 볼 수 있었습니다. 또한, 고생하는 자신에게 왜 정당한 대가를 주지 않느냐고 아버지께 항의하는 첫째 아들의 모습을 통해 하나님이 인색하고 매정한 분인 것처럼 왜곡하며 하와를 미혹했던 마귀의 악한 영향력도 느낄 수 있었습니다.

아버지의 깊은 마음을 헤아리지 못하여 잘못된 판단과 언행을 하면서 스스로를 고통 가운데 빠뜨린 두 아들처럼 오늘날 많은 사람들도 하나님에 대한 왜곡된 주장과 오해에 빠져서 힘들게 살아가는 모습들을 보게 됩니다. '하나님을 잘 믿는데 왜 이렇게 고난을 주시는가?', '왜 악인들이 번창하는데도 그냥 두시는가?', '하나님은 왜 선교사 가족이 탄 비행기가 사고를 당하는데 아무런 보호를 해주지 않으셨는가?' 이렇게 하나님은 불공평하고, 매정하고, 우리에게 무관심한 분으로 비난을 받습니다. 또한 율법의 잣대를 휘두르며 심판하시는 무서운 하나님으로 오해받으시기도 합니다. '다시 오신다는 예수님은 왜 아직도 오시지 않는가?'라는 의심을 받기도 하셨습니다.

이 모든 비난, 오해, 의심에도 불구하고 하나님께서는 예수 그리스도를 내어주셔서 우리가 회개하고 돌아올 수 있는 구원의 길을 열어두신 후 간절한 마음으로 기다리고 또 기다리고 계십니다.

예수님께서는 탕자의 비유를 들려주시면서 하나님에 대한 사람들의 무지와 오해를 해소하시며 아버지 하나님의 마음을 정확하게 전달해주셨습니다. 십자가에서 희생당하신 '하나님의 어린 양' 예수님은 우리를 향한 하나님의 사랑의 진심을 절실히 보여주신 하나님의 형상 그 자체였습니다.

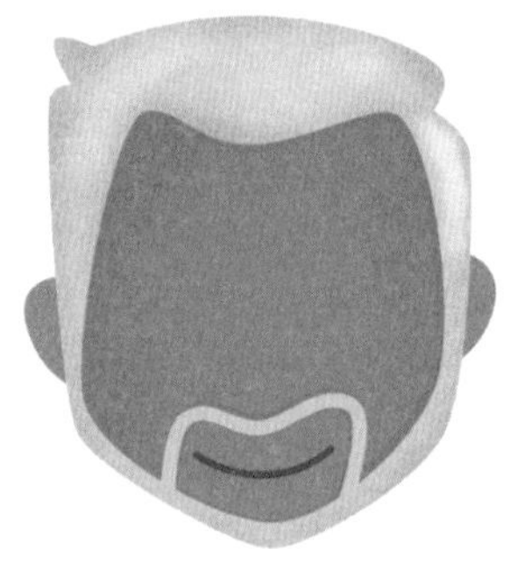

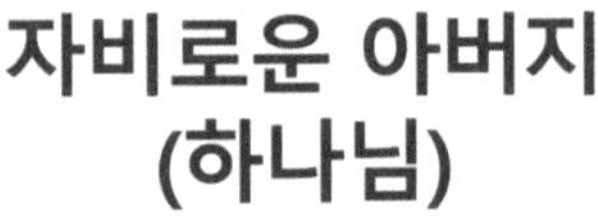

	큰 아들 (속으로 숨긴 죄인)	작은 아들(탕자) (겉으로 드러난 죄인)
장점	• 아버지 말씀에 순종 • 성실하게 일함	• 솔직함 • 잘못을 회개함
문제점	• 불만을 속으로 숨김 • 회개하지 않음	• 아버지 말씀에 불순종 • 불성실하고 쾌락적인 삶

<그림 12> 두 아들 비교

왜 예수님께서 아직도 재림하시지 않는지 많은 사람이 궁금해 합니다. 그 이유는 단 하나, 오랜 시간 둘째 아들이 돌아오기만을 간절히 기다리던 아버지처럼 한 영혼이라도 더 돌아오기를 기다리시는 하나님의 애타는 마음 때문입니다. 노아에게 120년 동안 방주를 짓게 하셨던 바로 그 마음입니다. 베드로 사도는 하나님의 마음을 다음과 같이 표현했습니다.

사랑하는 자들아 주께는 하루가 천 년 같고 천 년이 하루 같다는 이

한 가지를 잊지 말라 주의 약속은 어떤 이들이 더디다고 생각하는 것 같이 더딘 것이 아니라 오직 주께서는 너희를 대해 오래 참으사 아무도 멸망하지 아니하고 다 회개하기에 이르기를 원하시느니라(벧후 3:8-9)

두 아들은 아버지의 마음을 자기 수준에서 함부로 판단하여 큰 오류에 빠졌습니다. 이해되지 않는 상황도 믿음으로 감당하는 것이 하나님의 자녀 된 모습입니다. 끝까지 믿음을 지키는 자녀들은 영원한 하나님 나라를 상속받게 될 것입니다.

…… 내 아버지께 복 받을 자들이여 나아와 창세로부터 너희를 위해 예비된 나라를 상속받으라(마 25:34)

첫째 아들은 마음속에 불만을 품고 종처럼 일하고 있었지만, 우리는 성령의 능력으로 어떤 고난도 능히 이겨낼 수 있습니다.

성령이 친히 우리의 영과 더불어 우리가 하나님의 자녀인 것을 증언하시나니 자녀이면 또한 상속자 곧 하나님의 상속자요 그리스도와 함께 한 상속자니 우리가 그와 함께 영광을 받기 위해 고난도 함께 받아야 할 것이니라(롬 8:16-17)

요약

1. 탕자의 비유에 나오는 두 아들은 하나님에 대한 상반된 반응을 보이는 두 부류의 죄인을 상징적으로 보여줍니다. 둘째 아들은 하나님을 떠나 자기 욕구에 따라 마음대로 사는 죄인 된 사람의 모습을 보여줍니다. 첫째 아들은 겉으로는 성실하게 열심히 살지만 은밀한 죄를 짓거나 마음의 상처에 눌려서 사는 또 다른 부류의 죄인 된 모습을 보여줍니다.
2. 둘째 아들은 아버지가 자신의 자유를 억압하는 무서운 분인 줄 잘못 알고 있었습니다. 첫째 아들은 아버지가 일만 시키면서 정당한 대가는 주지 않는 인색하고 매정한 분이라고 오해하고 있었습니다.
3. 그러나 아버지는 아들들에게 풍성한 재산을 물려줄 계획을 갖고 있는 자비롭고 사랑이 넘치는 분이었습니다. 하나님의 마음은 우리가 회개하고 돌아오기를 기다리시는 아버지의 마음이며 우리에게 풍성한 생명, 자유, 축복이 넘치는 하나님 나라를 물려주고자 하시는 자비와 사랑입니다.
4. 현재 우리가 감당해야 할 고달픈 일상과 고난은 장차 하나님 나라를 유업으로 물려받기 위해 훈련받는 과정이라는 점을 깨닫는다면 오히려 하나님께 감사하는 마음과 하나님 나라에 대한 소망을 가질 수 있습니다.

묵상

예전에 탕자 이야기를 읽었을 때는 아버지를 떠난 둘째 아들(탕자)에만 초점을 맞춰서 이해했습니다. 그런데 성경을 여러 차례 통독하면서 성경 전체 주제와 연결시켜서 다시 읽어보니 이 이야기에 담긴 더 큰 그림을 볼 수 있었습니다. 둘째 아들도 문제지만 불만을 속으로 감추고 일해 온 첫째 아들의 모습이 더 크게 다가왔습니다.

교도소에서 근무하시는 집사님께서 해주신 말씀이 잊히지 않습니다. "교도소에서 일하면서 죄인에는 두 부류가 있다는 것을 깨달았다. 죄가 드러난 죄인과 죄가 드러나지 않은 죄인이다. 나는 두 번째 부류의 죄인일 뿐이다." 맞습니다. 만약 우리가 속으로 감춘 죄악들이 다 드러난다면 어떻게 될까요? 내 죄는 은밀히 숨겨놓고 겉으로 드러난 다른 죄인들을 비난하는 첫째 아들과 같은 모습이 되어서는 안 되겠다는 다짐을 해봅니다.

여러분은 두 아들 중 어떤 아들의 유형에 가깝다고 생각하십니까? 혹시 두 아들처럼 하나님에 대한 오해 때문에 힘들어하고 계시지는 않습니까?

2부

믿음의 맥락이 살아있는 성경의 적용

2부에서는 1부에서 갈고 닦은 성경의 기본기를 토대로 우리의 삶에 말씀을 적용하는 데 도움이 되는 주제들을 담았습니다. 8장에서는 먼저 말씀을 깨닫게 하시고 삶에 적용할 수 있도록 인도하시는 성령 하나님에 대해 알아봅니다. 그다음으로 하나님께서 우리에게 원하시는 대인관계의 원리에 대해 조명해보고, 10장에서는 역사적 맥락에서 현재 한국교회에 필요한 성경적 리더십 모형을 제시합니다. 마지막으로 11장에서는 지금까지 논의한 모든 주제를 바탕으로 하나님 나라의 보편적인 조직구조와 리더십의 원리를 우리의 가정, 직장, 한국사회 전반에 적용하는 논의로 마무리합니다.

8 성령: 성령 하나님은 어떤 분이신가?

그리스도인은 삼위일체 하나님을 믿습니다. 4장 '자유'에서 설명한 것처럼 삼위일체란 하나님이 본질상 성부·성자·성령 세 위격이신 동시에 한 분이라는 기독교의 핵심 진리입니다. 삼위일체는 우리의 인식체계 안에 도저히 담을 수 없지만 성경이 분명하게 계시하는 진리입니다. 하나님의 존재방식을 과학적으로 규명한다는 것은 불가능하지만, 세 위격의 구분된 역할은 성경에 분명하게 나타납니다.

제1위 성부 하나님은 모든 만물의 근본이 되시는 창조주이자 역사의 주관자이십니다. 거룩하고 선하신 뜻에 따라 역사를 이끌어나가시며 성자 예수님을 이 땅에 파송하셨습니다. 제2위 성자 예수님은 성부 하나님의 말씀을 실체로 드러내시며 구원 사역을 수행하시고 마귀와 싸워 승리하시는 야전사령관 역할을 수행하십니다. 성자 예수님은 성부 하나님께 죽기까지 순종하셨고, 성부 하나님께서는 성자 예수님을 영원한 하나님 나라의 통치자로 세워주셨습니다.

이렇게 우리는 제1위 성부 하나님과 제2위 성자 예수님에 대해서는 비교적 잘 알고 있습니다. 그런데 제3위 성령 하나님은 어떤 분이신지 막막한 느낌이 듭니다. 성령님께서 온 교회와 성도들 가운데 역사하시는 신약 교회시대를 살면서도 왜 성령님에 대해 잘 알지 못하는 것일까요? 이번 장에서는 우리가 삶 속에서 말씀대로 순종할 수 있도록 능력을 부어주시는 성령님에 대해 알아보도록 하겠습니다.

---

1) 성령님은 어떤 분이신가?

• 구약시대에도 성령 하나님이 계셨다?

우리는 보통 성령님께서 신약시대에만 역사하셨다고 생각하지만, 구약시대에도 하나님의 능력이 나타나는 곳에는 언제나 성령님께서 역사하셨습니다. 우리는 4장에서 이미 창조 사역을 완성하신 "하나님의 영(창 1:2)"이신 성령 하나님에 대한 창세기의 기록을 확인했습니다.

이스라엘이 모세의 뒤를 이은 지도자 여호수아의 인도하에 가나안 땅을 정복한 이후의 역사가 기록된 사사기에도 성령님의 역사가 나타납니다. 사사들(judges)은 여호수아 사후 이스라엘 백성을 이끌던 영적 리더들이었습니다. 입다, 드보라, 삼손, 사무엘 등이 잘 알려진 사사들입니다. 그중 한 명인 옷니엘은 메소보다미아 왕 구산 리사다임과의 전쟁에서 승리하여 이스라엘을 구원했습니다. 그가 싸워 이길 수 있었던 이유는 "여호와의 영", 즉 성령님께서 그에게 임하셨기 때문입니다.

여호와의 영이 그에게 임하셨으므로 그가 이스라엘의 사사가 되어 나가서 싸울 때에 여호와께서 메소보다미아 왕 구산 리사다임을 그의 손에 넘겨 주시매 옷니엘의 손이 구산 리사다임을 이기니라(삿 3:10)

이스라엘의 초대 왕 사울도 한때 성령 충만하여 예언을 하기도 했습니다.

그들이 산에 이를 때에 선지자의 무리가 그를 영접하고 하나님의 영이 사울에게 크게 임하므로 그가 그들 중에서 예언을 하니(삼상 10:10)

그러나 왕위에 오른 사울이 교만해져서 하나님의 말씀에 순종하지 않자 성령님께서 떠나가십니다. 이렇게 구약시대에는 리더가 하나님께 불순종할 경우 성령님께서 떠나가시기도 하셨습니다.

사사 시대가 저물고 이스라엘이 왕국 시대로 접어들자 하나님께서는 왕, 제사장, 선지자 세 직분에 기름 부음을 받게 하셨습니다. 이 기름 부음은 성령의 기름 부음을 상징합니다. 다윗 왕과 대제사장 예수아,[1] 선지자 엘리야 등이 대표적인 구약시대의 기름 부음 받은 왕, 제사장, 선지자들이었습니다.

한편 구약시대의 '성막'과 '성전' 기록은 성령님에 대한 중요한 배경지식을 제공합니다. 성막(성소가 있는 장막)은 이집트에서 나

---

1 스룹바벨 시대의 대제사장으로, 스가랴 6장에는 '여호수아'로 표기됨

온 이스라엘 백성이 40년간 광야생활을 할 때 하나님께서 임재하신 거룩한 장소였습니다. 성소 안에는 1년에 한 번 대제사장만 들어갈 수 있는 '지성소'가 있었습니다.

> 그 휘장을 갈고리 아래에 늘어뜨린 후에 증거궤를 그 휘장 안에 들여놓으라 그 휘장이 너희를 위해 성소와 지성소를 구분하리라(출 26:33)

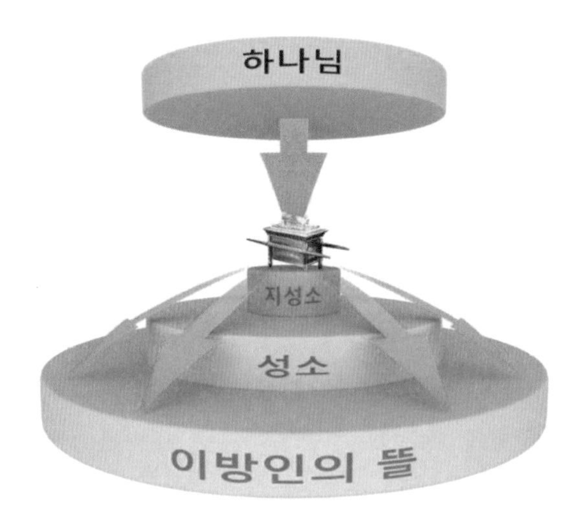

<그림 13> 성전의 구조

이스라엘의 성전에는 지성소, 성소, 이방인의 뜰이 있었다. 이방인의 뜰은 누구나 자유롭게 드나들 수 있는 곳이었고 성소는 제사장들이 들어갈 수 있었다. 지성소는 1년에 한 번 대제사장만 들어가서 하나님의 임재를 경험할 수 있었다. 대제사장은 지성소에서 경험한 하나님의 임재와 통치, 축복을 성소와 이방인의 뜰까지 확장해야 했다.

이스라엘이 왕정 시대로 들어가자 하나님께서는 예수 그리스도의 왕권을 상징하는 다윗 왕에게 성전 건축을 준비하게 하셨고 그의 아들 솔로몬 왕 때에 이르러 성전이 완성되었습니다.

> 제사장이 성소에서 나올 때에 구름이 여호와의 성전에 가득하매 제사장이 그 구름으로 말미암아 능히 서서 섬기지 못했으니 이는 여호와의 영광이 여호와의 성전에 가득함이었더라(왕상 8:10-11)

아담이 에덴을 정결하게 지키고 하나님께 예배하며 피조물들을 섬기는 제사장이었던 것처럼 이스라엘의 대제사장은 성전을 정결하게 지키며 성전 중앙 지성소에서 경험하는 하나님의 임재와 축복을 백성에게 나눠주고 섬기는 직무를 수행했습니다. 제사장 나라 이스라엘의 성전은 최초의 성전 에덴이 부분적으로 회복된 모습을 보여줍니다.

- **신약시대를 이끄시는 성령 하나님**

신약시대는 예수 그리스도의 탄생과 함께 시작되었습니다. 우리가 잘 알고 있는 것처럼 예수님께서는 마리아의 몸에 성령으로 잉태되어 이 땅에 오셨습니다. 또한 구원 사역을 시작하시기 전 침례(세례)를 받으실 때 성령의 기름 부음을 받으셨습니다.

> 예수께서 침례(세례)를 받으시고 곧 물에서 올라오실새 하늘이 열리고 하나님의 성령이 비둘기같이 내려 자기 위에 임하심을 보시더니 하늘로부터 (성부 하나님의) 소리가 있어 말씀하시되 이는 내 사

랑하는 아들이요 내 기뻐하는 자라 하시니라(마 3:16-17)

예수님 위에 임하신 성령님은 구원받은 모든 성도 안에도 임하십니다. 이것은 예수님의 약속에 근거합니다. 예수님께서는 십자가의 고난을 앞둔 최후의 만찬에서 하늘로 돌아가신 후 성령님을 보내주시겠다는 약속을 주셨습니다.

내가 아버지께 구하겠으니 그가 또 다른 보혜사(Counselor)를 너희에게 주사 영원토록 너희와 함께 있게 하리니 그는 진리의 영이라 세상은 능히 그를 받지 못하나니 이는 그를 보지도 못하고 알지도 못함이라 그러나 너희는 그를 아나니 그는 너희와 함께 거하심이요 또 너희 속에 계시겠음이라(요 14:16-17)

원래 하나님께서는 에덴에 제사장으로 세우신 아담에게 동산 중앙에서 예배 가운데 날마다 하나님의 임재 가운데 부어지는 풍성한 영적인 축복을 맛보며 살게 하셨습니다. 아담과 하와가 하나님 형상으로 세상을 가득 채우고 땅을 정복하며 피조물들을 다스리는 사명을 수행할 수 있는 능력은 예배 가운데 부어지는 성령의 능력이었습니다. 안타깝게도 아담과 하와는 자신들에게 주어진 생명나무의 축복과 제사장 사명에 집중하지 않고 금지된 선악과나무 근처를 맴돌다가 죄에 빠지고 말았습니다.

그 후 구약시대에는 '성막', '성전'이라는 특정한 장소에서 제사장과 같은 중재자를 통해야 하나님께 나아갈 수 있었지만, 예수님께서 십자가 구원을 이루신 신약시대에는 모든 성도가 성령님을 통해 하나님께 직접 나아갈 수 있습니다. 그 이유는 이제 건물이나 특정 장소가 아닌 하나님의 자녀들이 성전이기 때문입니다.

> 너희는 너희가 하나님의 성전인 것과 하나님의 성령이 너희 안에 계시는 것을 알지 못하느냐(고전 3:16)

신약 교회시대인 오늘날 성령님께서는 성전인 하나님의 자녀들 안에 "영원토록" 함께 계십니다. 이 말씀을 통해 우리는 구약시대의 성막과 성전에 하나님께서 임재하셨던 것이 신약시대에 구원받은 성도들 안에 성령님께서 거하실 것을 예고하기 위한 것이었음을 알 수 있습니다. 우리 안에 오신 성령님께서는 죄와 사망의 법에서 우리를 해방시키신 예수 그리스도의 능력이 우리의 실제 삶에서 드러나도록 역사하십니다.

> 그러므로 이제 그리스도 예수 안에 있는 자에게는 결코 정죄함이 없나니 이는 그리스도 예수 안에 있는 생명의 성령의 법이 죄와 사망의 법에서 너를 해방했음이라(롬 8:1-2)

성령님께서는 "하나님의 영(창 1:2)"이심과 동시에 "그리스도의 영(롬 8:9)"이시기 때문에 성부 하나님, 성자 예수님도 우리와 함께 계신 것과 마찬가지입니다. 에덴동산에서 아담과 하와와 함께 계셨고, 성막과 성전에서 이스라엘 백성과 함께 계셨던 하나님, 제자들과 함께 계셨던 예수님께서 이제 구원받은 모든 자녀 안에 직접 거하시면서 거룩하고 선하신 그분의 형상을 세상에 드러내시는 것입니다.

여자의 후손 예수님의 탄생을 예언한 선지자 이사야의 예언에서 메시야의 이름이 '임마누엘'이었던 것을 기억하십니까?

> 그러므로 주께서 친히 징조로 너희에게 주실 것이라 보라 처녀가 잉태하여 아들을 낳을 것이요 그 이름을 임마누엘이라 하리라(사 7:14)

임마누엘은 히브리어로 '하나님께서 우리와 함께 계시다'라는 뜻입니다. 성령으로 영원토록 우리와 함께 계시는 예수님의 이름으로 이보다 더 적합한 이름이 없을 것입니다!

- **12제자를 변화시키신 성령 하나님**

성령이 임한 사람이 어떻게 변화되는지 가장 잘 보여주는 사례가 예수님의 12제자(또는 사도들)입니다. 제자들은 두 번의 중대한 계기를 거쳐 변화되었습니다. 첫 번째 계기는 부활하신 주님과의 만남입니다. 부활 이전에 제자들은 예수님께서 하시는 말씀의 정확한 의미를 깨닫지 못했습니다. 단적인 예로 제자들은 예수님께서 로마제국을 몰아내시고 이스라엘 왕국을 회복하시면 높은 직책에 오를 것이라는 착각에 빠져 있었습니다. 그러나 부활하신 주님께서 자신에 대한 성경의 모든 예언을 풀어 설명해주시고 성령을 보내주실 것을 재차 약속하시자 제자들은 드디어 예수님의 진정한 형상을 보게 됩니다. 이러한 제자들의 모습을 볼 때 십자가의 죄 사함을 넘어서 부활하신 주님(Lord)이신 예수님을 만나야 진정한 기독교 신앙을 가질 수 있다는 것을 알 수 있습니다.

제자들이 변화된 결정적 계기는 예수님께서 약속하신 성령님께서 오순절에 강림하신 사건입니다.[2] 부활하신 예수님을 만나서 변화된 제자들은 성령님께서 임하신 이후 드디어 말씀의 능력을 실제로 행할 수 있게 변화되었습니다. 사도행전은 성령님께서 강림하시던 그날의 장면을 이렇게 묘사하고 있습니다.

> 오순절 날이 이미 이르매 그들이 다같이 한 곳에 모였더니 홀연히 하늘로부터 급하고 강한 바람 같은 소리가 있어 그들이 앉은 온 집에 가득하며 마치 불의 혀처럼 갈라지는 것들이 그들에게 보여 각 사람 위에 하나씩 임하여 있더니 그들이 다 성령의 충만함을 받고 성령이 말하게 하심을 따라 다른 언어들로 말하기를 시작하니라(행 2:1-4)

성령 충만한 베드로에게서 닭이 울기 전 예수님을 세 번 부인했던 비겁한 모습은 더 이상 찾아볼 수 없었습니다. 베드로가 말씀을 전하자 3천 명이 바로 예수님을 영접하는 역사가 일어났습니다. 예수님께서 십자가에 달리실 때 도망갔던 제자들은 성령 충만해지자 두려움 없이 온 세계로 퍼져 나가 복음을 전했습니다. 성령님께서 임하시기 전후 제자들의 모습은 이렇게 달랐습니다.

성령님은 창조 사역과 예수님의 구원 사역에 역사하셨으며 초대교회 사도들이 담대하게 복음을 전할 수 있는 능력을 부어주신

---

2 유월절로부터 50일이 지난 날. 구약 시대에는 시내산에서 모세가 하나님께 십계명을 받은 날이며, 신약 시대에는 성령님께서 강림하신 날

분이십니다. 따라서 부활하신 주님을 만나고 성령 하나님과 동행하는 것은 오늘날에도 동일하게 '말씀이 현실이 되는 능력 있는 신앙생활'의 필수입니다.

---

2) 온전한 구원을 이루시는 성령님

- 영·혼·육의 전인적 구원을 이뤄가시는 성령 하나님

오순절에 이 땅에 임하신 성령님은 초대교회 이래로 지금도 우리 가운데 동일하게 역사하고 계십니다. 성령님께서는 구원받은

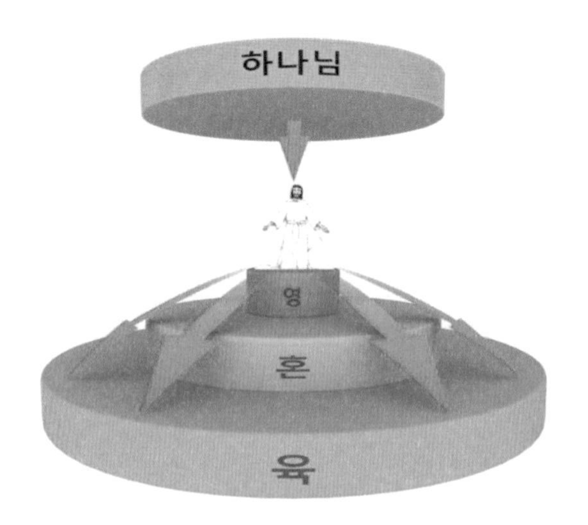

<그림 14> 하나님의 성전인 성도

구원받은 성도의 영에는 예수 그리스도의 영인 성령께서 임하셔서 혼과 육까지 구원의 지경을 확장하시는 성화(sanctification)의 과정을 이뤄나가신다. 궁극적인 영·혼·육 전인적 구원의 완성인 영화(glorification)는 예수 그리스도의 재림 때 이뤄진다. 부활하신 예수 그리스도는 영·혼·육이 완전한 참 사람의 모습으로 나타나셨다.

모든 성도의 영에 임하셔서 하나님의 무한한 생명과 능력이 생수의 강과 같이 흘러넘치게 하십니다. 이렇게 성령님 안에 거하는 성도는 죄로 인해 죽어 있던 영이 소생하는 경험을 하게 됩니다. 그다음으로 우리의 생각, 감정, 의지로 구성된 혼, 즉 정신의 영역도 점차 하나님의 통치 영역으로 회복되어 하나님의 관점으로 생각하고 느끼고 세상을 인식하게 되는 과정을 거치게 됩니다. 이렇게 영혼이 새롭게 소생된 성령의 사람인 '새 사람'은 하나님과 영적 교제를 하면서 그 크신 사랑과 축복을 깨닫게 되며 다른 사람들에게도 받은 사랑과 축복을 흘려보내는 '축복의 통로'가 됩니다.

신앙생활에서 가장 힘든 것이 육체의 욕심을 이기는 일입니다. 그러나 죄가 지배하는 육체도 성령님께 순종하는 가운데 점차 하나님의 통치 영역으로 회복되는 과정을 거치게 됩니다.

> …… 너희는 성령을 따라 행하라 그리하면 육체의 욕심을 이루지 아니하리라(갈 6:16)

성경은 '소극적인' 금욕과 고행이 아니라 성령을 따라 행하는 '적극적인' 순종의 삶 가운데서 육체의 욕심을 포기하게 된다고 가르치고 있습니다. 주의해야 할 점은 성령님의 인도하심에 순종하는 삶을 살 때 많은 경우 고난, 환난을 겪게 된다는 것입니다. 이 세상에는 여전히 하나님을 대적하는 짐승의 권세가 남아 있기 때문입니다.

> 그리스도를 위해 너희에게 은혜를 주신 것은 다만 그를 믿을 뿐 아

니라 또한 그를 위해 고난도 받게 하려 하심이라(빌 1:29)

그러나 우리는 신앙생활 가운데 경험하는 다양한 고난과 환난을 통해 오히려 육체의 욕심을 내려놓고 성숙한 믿음을 가질 수 있게 됩니다. 그리하여 영에서 시작된 구원의 지경이 우리의 혼과 육체에까지 확장되는 과정을 거쳐 예수 그리스도께서 재림하실 때 영·혼·육의 전인적 구원이 완성됩니다. 사도 바울은 성도들을 향한 축복의 말 가운데 영·혼·육의 전인적 구원이 완성될 소망을 이렇게 표현하고 있습니다.

평강의 하나님이 친히 너희로 온전히 거룩하게 하시고 또 너희 온 영과 혼과 몸이 우리 주 예수 그리스도 강림하실 때에 흠 없게 보전되기를 원하노라(살전 5:23)

- **구원의 재발견: Already, but not yet**

이 시점에서 믿음으로 구원을 얻는다는 말을 좀 더 깊이 생각해볼 필요가 있습니다. 구원은 오직 믿음으로만 얻을 수 있다는 것은 불변의 진리입니다. 그러나 믿음으로 얻는 구원을 영접 확신의 한순간만을 뜻하는 것으로 해석해서는 곤란합니다. 이미 예수님을 영접할 때 받은 구원(과거적 구원)을 확신하는 것은 물론 중요합니다. 그러나 지금 구원의 기쁨을 누리면서 하나님의 자녀로 성숙해가는 과정(현재적 구원)을 거쳐 장차 예수 그리스도 재림 시 궁극적으로 완성될 구원(미래적 구원)에 대한 소망을 갖고 살아가는 것도 동일하게 중요합니다.

성경이 말하는 구원이란 예수님을 영접할 때 이미(already) 분명히 받은 것이지만 아직도 이뤄나가야 할(but not yet) 구원의 여정을 성령님과 동행하는 영·혼·육의 총체적 구원을 의미합니다. 구원받은 성도는 과거(칭의), 현재(성화), 미래(영화)의 구원이 하나로 일치하는 하나님의 자녀입니다. 은혜로 주어진 구원에 대한 확신과 감사, 현재 구원을 이루고 계신 성령님께 순종, 미래에 완성될 구원에 대한 소망이 하나 되는 '믿음'으로 살아가는 것입니다.

그동안 한국교회는 '예수천국 불신지옥'으로 상징되는 이해하기 쉬운 복음전도로 큰 성장을 이뤘습니다. 그러나 한편으로는 신앙생활을 오래 해도 과거의 영접 확신에만 안주하는 미성숙한 성도들이 많아졌다는 문제도 있었습니다. 처음에는 복음을 이해하기 쉽게 제시하는 것도 좋지만, 예수 믿으면 죽어서 천국 간다는 확신에만 안주해서는 안 됩니다.

"항상 복종하여 두렵고 떨림으로 너희 구원을 이루라(빌 3:12)"는 구원의 'not yet(이뤄나가야 할)' 측면을 무시하고 'already(이미 받은)' 측면에만 초점을 맞추는 것은 성경이 말하는 구원의 복합적 성격을 이해하지 못하는 균형 잃은 신앙입니다. 십자가의 죄 사함에서 더 나아가 부활하셔서 살아계신 예수님을 만나고 성령님의 능력에 힘입어 말씀대로 순종하면서 사는 단계까지 나아가야 합니다. 궁극적으로는 장차 이 땅에 다시 오실 예수님에 대한 소망으로 현재의 고난을 극복하는 굳건한 믿음을 가져야 합니다.

3) 성령님께서 인도하시는 신앙생활

• 자기중심적 성경읽기의 위험성

이제부터는 성령님과의 교제를 경험할 수 있는 구체적인 방법에 대해 설명해보도록 하겠습니다. 성령님의 역사를 경험하기 위한 가장 중요한 요소는 성경을 하나님의 말씀으로 깨닫는 것입니다. 성경의 진리를 깨닫기 위해서는 성령님의 도우심이 절대적으로 필요합니다. 그 이유는 성령님이 성경을 감동으로 기록하신 성경의 원저자이시며 성경의 진리를 깨닫게 하시는 최고의 성경교사이시기 때문입니다. 그래서 예수님께서는 제자들에게 성령님을 "진리의 영(요 14:17)"이라고 소개하셨습니다.

자신의 경험과 지식만 가지고 성경을 읽는 사람은 말씀의 진정한 의미를 깨닫기 어렵습니다. 요한복음 3장에 등장하는 니고데모가 좋은 예입니다. 예수님께서 "사람이 거듭나지 아니하면 하나님의 나라를 볼 수 없느니라(요 3:3)"고 말씀하시자 니고데모는 '거듭남(born again)'에 대해 이렇게 질문합니다.

> ...... 사람이 늙으면 어떻게 날 수 있사옵나이까 두 번째 모태에 들어갔다가 날 수 있사옵나이까(요 3:4)

성경지식이 많은 니고데모였지만, 거듭남에 대해 이렇게 황당한 질문을 할 수밖에 없었습니다. 아무리 성경을 많이 읽었다고 해도 성령의 인도하심이 없으면 말씀의 본 의미를 깨닫기 어렵습니다. 그래서 예수님께서는 제자들에게 이렇게 약속하셨습니다.

보혜사 곧 아버지께서 내 이름으로 보내실 성령 그가 너희에게 모든 것을 가르치고 내가 너희에게 말한 모든 것을 생각나게 하리라(요 14:26)

따라서 성령님의 '가르침'과 '생각나게 하시는' 도우심이 있을 때 하나님의 관점에서 말씀의 뜻을 깨달을 수 있습니다. 이처럼 성경을 읽을 때는 관점이 중요합니다. 자기중심적인 관점으로 성경을 읽으면 내가 말씀에 순종하는 것이 아니라 성경을 내 의도에 맞게 끼워 맞추는 함정에 빠지게 됩니다.

대표적인 사례가 예수님을 시험한 마귀입니다. 마태복음 4장에는 예수님이 40일간 광야에서 금식하시면서 마귀에게 세 가지 시험을 당하시는 장면이 나옵니다. 두 번째 시험에서 마귀는 예수님을 예루살렘 성전 꼭대기에 세운 후 "네가 만일 하나님의 아들이어든 뛰어내리라(6절)"고 유혹하면서 이렇게 말했습니다.

그(하나님)가 너를 위해 그의 사자들을 명하시리니 그들이 손으로 너를 받들어 발이 돌에 부딪치지 않게 하리로다(마 4:6)

놀랍게도 마귀는 시편 91편 11-12절 말씀을 인용하면서 예수님을 유혹하고 있습니다. 마귀도 성경을 알고 있다는 사실입니다! 문제는 말씀을 엉뚱한 맥락에 끼워 넣어 왜곡한다는 것입니다. 시편 말씀은 하나님께서 순종하는 자녀들을 보호하신다는 뜻입니다. 그런데 마귀는 이 말씀을 근거로 하나님께서 보호해주시니 성전 꼭대기에서 뛰어내려 대중의 주목을 받는 영웅이 되라고 부추깁니다. 명예욕을 위해 하나님을 이용하는 것은 시편이 말하는 하나님께 순종하는 모습에 어긋나므로 마귀의 이러한 주장은 말도 안 되는 거짓말입니다. 이런 마귀의 모습을 볼 때 성경 말씀을 엉뚱한 맥락에 삽입하여 왜곡하는 오늘날 이단들의 영적 뿌리가 거짓의 아비 마귀에게 있다는 것을 알 수 있습니다.

말씀에 자기 주관을 마음대로 혼합하다가 마귀의 유혹에 넘어간 하와, 자신의 지식과 경험을 기준으로 성경을 해석하려고 하다가 논리적 모순에 갇힌 니고데모, 말씀의 맥락을 무시하고 의미를 왜곡하는 마귀와 이단들을 보면, 성령님의 인도하심 없이 맥락을 무시하면서 성경을 읽는 것이 얼마나 큰 문제를 초래하는지 알 수 있습니다.

- **성령님의 인도하심을 경험하는 삶: 개인 신앙**

우리가 하나님께 나아갈 수 있는 유일한 길은 성령님을 통하는 것입니다. 성령님과의 소통채널은 개인 경건생활(하나님과의 일대일 교제)과 공동체생활의 두 개로 나뉩니다. 앞으로 나아가기 위해서는 왼발과 오른발을 교대로 내디뎌야 하는 것처럼 개인의 경건생활과 공동체생활이 하나 될 때 비로소 성령의 능력을 온전히 경험하는 신앙생활을 할 수 있습니다.

그렇다면 성령님의 능력을 경험하는 개인의 신앙생활은 어떤 모습일까요? 가장 먼저, 죄에서 돌이키는 진정한 회개를 했는지 점검해보시기 바랍니다. 예수 그리스도를 나의 구원자이자 주인으로 진정으로 인정하고 있는지 확인해봐야 합니다. 성령님은 구원받은 성도 안에 거하시기 때문입니다.

또한, 예수님보다 더 중요하게 여기고 내 관심과 시간과 물질을 더 소비하게 하는 우상은 없는지 진지하게 점검해봐야 합니다. 돈, 권력, 쾌락, 심지어는 소중한 사람이나 자녀도 하나님보다 더 소중하게 여긴다면 우상숭배라는 죄를 범하는 것입니다. 하나님이 최우선순위가 아닌 상황에서 어떻게 거룩하신 성령님의 역사를 기대할 수 있겠습니까?

철저한 회개와 영접의 결단이 이뤄졌다면 매일 스스로 말씀을 읽고 기도하면서 하나님의 임재 가운데로 나아가야 합니다. 세상 모든 것을 내려놓고 하나님과 일대일로 만나는 절대고독의 시간이 우리의 영혼을 성숙시킵니다. 조용한 시간에 말씀을 읽고 기도하는 것은 영의 양식과 호흡입니다. 식사를 하지 않고 숨을 쉬지 않으면서 생명을 유지할 수 없듯이 영의 생명력을 유지하기 위해서는 날마다 말씀과 기도로 하나님께 나아가야 합니다.

성경을 읽을 때는 성령님의 인도하심에 순종하는 마음으로 성경의 시대적 흐름 가운데 오늘날 내가 살아가고 있는 이 시대와 삶의 맥락을 염두에 두면서 읽어야 성경이 의도한 정확한 의미를 깨달을 수 있고 삶에도 구체적으로 적용할 수 있습니다.

기도할 때는 작은 죄악들이 발견될 때마다 남김없이 십자가 앞에 내려놓아야 합니다. 하나님은 거룩하시기 때문에 죄에 빠져 있으면서 성령님과 교제할 수 없기 때문입니다. 회개-감사-간구-중보(다른 사람들을 위한 기도)의 균형 잡힌 기도가 지속되어야 합니다. 무엇보다 성령의 인도하심에 따라 읽은 '말씀에 근거한 기도'를 지속해야 성령의 역사를 경험할 수 있습니다.

- **성령님의 인도하심을 경험하는 삶: 공동체 신앙**

이렇게 개인 신앙을 가꾸어나가고 있다면 동시에 교회 공동체에 역사하시는 성령님의 능력도 체험해야 합니다. 믿음의 지체들과 함께 예배드리고 말씀을 나누면서 같이 기도하고 교제하는 가운데 임하시는 성령님의 역사를 경험할 수 있습니다. 하와가 혼자 있을 때 뱀이 은밀하게 찾아온 것을 보면 죄는 영적 리더와 공동체를 떠나 혼자 있는 지체를 노리고 은밀히 찾아온다는 것을 알 수 있습니다. 따라서 교회 공동체 안에서 의미 있는 교제관계를 맺어야 성령님의 능력을 경험할 수 있습니다.

하나님께서는 왜 신앙생활을 개인과 공동체로 나눠놓으신 것일까요? 그 이유는 교회가 삼위일체 하나님의 형상을 닮아야 하기 때문입니다. 4장에서 살펴본 것처럼 하나님께서는 개인성(삼위)과 공동체성(일체)이 하나인 분이십니다. 따라서 하나님의 형상을 닮은 자녀의 형상도 성도 개개인과 공동체 교회를 통해 나타나기 때문에 공동체 신앙-개인 신앙이 하나 될 때 진정한 삼위일체 하나님을 닮은 하나님의 자녀라고 할 수 있습니다.

따라서 교회 공동체는 성도 개인의 인격과 자율성을 존중하고 일대일로 하나님께 나아갈 수 있도록 도와야 합니다. 또한 중요한 결정을 내릴 때는 성령 안에서 함께 기도하면서 서로 소통하며 성도들의 의견을 수렴해나가는 과정이 필요합니다. 반대로 교회 구성원들은 교회 공동체를 소중하게 여기고 성령 안에서 연합된 공동체를 세우는 데 앞장서야 합니다. 공동체는 성도 개인을 중심에 두고 성도 개인은 공동체를 중심에 두는 상호 섬김의 관계는 성령 안에서 누리는 아름다운 '공동체=개인' 관계로 세상에 삼위일체 하나님의 형상을 드러냅니다.

- **성령의 열매를 맺는 신앙생활**

이렇게 성령님의 인도하심에 따라 말씀과 기도로 개인 경건생활을 지속하고 예배, 말씀훈련, 교제, 봉사, 구제, 전도, 선교 등 공동체 생활을 해나가면서 죄인 아담 안에 있는 "옛 사람"의 힘은 점차 약해지고 새 인류의 시조이신 예수 안에서 새롭게 창조된 "새 사람"은 날로 성장하여 풍성한 성령의 열매들을 맺는 삶을 살게 됩니다.

> 너희는 유혹의 욕심을 따라 썩어져 가는 구습을 따르는 옛 사람을 벗어 버리고 오직 너희의 심령이 새롭게 되어 하나님을 따라 의와 진리의 거룩함으로 지으심을 받은 새 사람을 입으라(엡 4:22-24)

갈라디아서 5장 22-23절은 성령의 사람들이 맺는 9가지 열매를 구체적으로 나열하고 있습니다.

> 오직 성령의 열매는 사랑과 희락과 화평과 오래 참음과 자비와 양선과 충성과 온유와 절제니 이같은 것을 금지할 법이 없느니라(갈 5:22-23)

성령의 사람은 말씀을 읽고 기도하고 예배드리는 가운데 하나님의 사랑을 체험합니다. 또한 매사에 절제하며 죄를 혐오합니다. 죄를 짓더라도 괴로워하며 곧 회개하여 돌이키는 것을 볼 수 있습니다. 죄를 짓게 되면 하나님과의 영적 교제가 단절되는 고통을 느끼기 때문에 계속 죄를 짓기 어려워집니다.

성령의 사람은 인격적이며 자연스러운 사랑과 따뜻함이 배어 나옵니다. 상대방을 지배하거나 자신의 생각을 강요하려고 하지 않고 존중하며 배려하는 자유함이 있습니다. 성령님은 우리에게 자유를 주시는 영이시기 때문입니다.

주는 영이시니 주의 영이 계신 곳에는 자유가 있느니라(고후 3:17)

성령님께서 역사하시면 용서하지 못할 사람을 용서하게 되고 다른 사람을 도울 수 있는 자비로운 마음도 생깁니다. 고난과 핍박 속에서도 오래 참으며 오히려 주변 사람들을 격려하고 희망을 주는 사람이 됩니다. 과거의 원한도 십자가 앞에 다 내려놓고 미래를 향하여 힘차게 나아갑니다. 세상에서도 하나님께서 행하신 일들을 구체적으로 증거하며 담대히 복음을 전하게 됩니다.

성령의 역사를 깊이 체험하는 성숙한 사람은 이스라엘 민족의 죄를 자신의 죄로 여기고 중보기도를 했던 다니엘(다니엘 9장)처럼 자신이 속한 가정, 조직, 교회, 나라, 민족, 세상을 마음에 품고 중보기도를 하게 됩니다. 사람들의 연약한 모습을 비웃거나 비난하는 대신 십자가로 마음에 품고 기도하며 섬기는 삶을 살면서 온 인류를 위해 십자가를 지신 대제사장 예수님의 형상을 닮아갑니다.

- **성령님의 역사로 이뤄지는 하나님 나라**

요약하자면, 기독교 신앙은 '성령님을 통해 예수 그리스도의 십자가 공로에 의지하여 아버지 하나님과의 관계를 회복하는 삼위일체 신앙'이 핵심입니다. 성령님께서는 신앙생활의 시작, 과정, 완성의 전 과정을 인도하십니다. 성령님의 인도하심을 받을 때 지식이나 감정에 치우치지 않고 말씀을 균형 있게 이해할 수 있고 찬양할 때도 깊은 감동을 느낄 수 있게 됩니다. 주변 사람들에게 하나님의 사랑, 섬김, 용서를 흘려보내는 축복의 통로가 됩니다. 이런 성령의 사람을 통해 가정, 교회, 직장, 사회가 하나님의 축복을 받게 됩니다.

성령 충만한 교회는 진리, 사랑, 믿음, 때로는 희생과 순교로 세상의 짐승권세와 악한 세력에 대적하여 승리를 이룹니다. 성령님과 동행하며 하나님의 형상을 드러내는 그리스도인들이 사회 곳곳에서 빛과 소금의 역할을 감당한다면 한국사회의 고질적인 문제들인 권위주의, 부정부패, 빈부격차, 도덕적 타락 같은 어두움도 물러가게 될 것입니다.

혹시 지금까지 글을 읽으시면서 현재 자신의 모습이 성령충만한 모습과 비교하여 너무 부족하게 느껴지지는 않으셨나요? 사실 이 글을 쓰고 있는 저도 여전히 많은 부족함을 느낍니다. 그래서 우리의 부족함을 다 아시면서도 있는 모습 그대로 사랑하시며 구원해주신 하나님의 사랑에 더욱 감격할 수밖에 없습니다. 여전히 순종하지 못하고 넘어지기도 하지만 그 크신 사랑에 의지하여 회개하고 돌이키게 됩니다. 오늘 하루도 말씀과 기도로 시작하면서 성령님께서 원하시는 작은 순종의 결단을 내려보는 것이 어떨까요?

요약

1 구약시대에는 성령님께서 특정한 영적 리더에게 임하셨으나 신약 시대에는 성령님께서 예수님을 구주로 영접한 모든 성도 안에 살아 역사하시며 말씀대로 행할 수 있는 능력을 부어주십니다.

2 예수님의 12제자는 예수님께서 십자가에 달리시자 두려워 도망갔으나 부활하신 예수님을 만나고서 비로소 예수님을 구원자로 깨닫게 됩니다. 오순절 날 성령을 받은 12제자는 담대하게 복음을 전하는 능력 있는 복음 전도자의 삶을 살게 되었습니다.

3 성령님과 올바른 교제를 하게 되면 말씀을 깨닫게 되고 삶에 적용할 수 있게 되어 성령의 9가지 열매(사랑, 희락, 화평, 오래 참음, 자비, 양선, 충성, 온유, 절제)를 맺게 됩니다.

4 성령님과의 깊은 교제를 경험하는 사람은 개인적 은혜뿐만 아니라 자신이 속한 가정, 조직, 사회를 위해 중보기도를 하는 영적 제사장이 되어 주변을 하나님 나라 영역으로 확장시키는 영적 영향력을 발휘하는 사람이 됩니다.

5 기독교 신앙의 핵심은 예수 그리스도의 십자가 희생과 부활의 공로로 말미암아 성령님을 통해 창조주이신 아버지 하나님과의 관계를 회복하는 것입니다.

묵상

어렸을 때부터 교회에서 성부·성자·성령 삼위일체 하나님에 대해 배웠지만 성령님께서 어떤 일을 하시는지에 대한 이야기는 잘 듣지 못했습니다. 주변이나 매체에서 보면 성령의 불을 받았다거나 성령세례를 받아야 한다거나 안수를 받으면 넘어지는 모습들을 보면서 신기하기도 하고 왜 예수님을 영접한 나에게는 그런 현상이 일어나지 않는지 궁금하기도 했습니다.

제가 성령님의 실체에 대해 본격적으로 깨닫기 시작한 것은 고등학생 시절 시작한 성경통독이 20대 중반에 이르러 여러 차례 반복되면서입니다. 성경을 읽고 설교말씀을 들으면서 단순한 이해를 넘어 하나님의 말씀이 깨달아지고 내 마음 깊숙이 새겨지면서 믿음으로 순종하는 결단을 내릴 때 삶 속에서 값진 성령의 열매들을 맺는 놀라운 경험을 하게 되었습니다.

개인 경건생활과 교회공동체 생활을 통해 성령님과의 교제가 지속되자 기적 같은 일들이 벌어지기 시작했습니다. 저에게 상처를 준 사람을 용서할 수 있었습니다. 복음을 전하고 싶은 마음이 자연스럽게 생겼습니다. 하나님께서 기뻐하시는 일을 분별할 수 있는 능력도 강해졌습니다. 무엇보다 냉철하고 이성적인 제가 다른 사람들을 사랑하고 배려할 수 있게 되었습니다. 여전히 죄도 짓고 부족함이 많지만 날마다 회개하며 돌이키는 가운데 하나님과 끊이지 않는 관계를 맺어갈 수 있는 능력을 주시는 분이 바로 성령님이십니다. 여러분은 성령 하나님에 대해 충분히 알고 계십니까?

9 관계: 믿음은 대인관계에서 어떻게 실천되어야 하는가?

7장에서 우리는 매정한 첫째 아들에게 연약한 동생을 사랑하라고 권면하는 탕자 아버지의 모습을 살펴보았습니다. 이처럼 하나님께서는 아버지 하나님의 사랑과 섬김, 용서의 축복을 이미 누리는 우리 그리스도인이 더 연약한 사람들을 사랑하고 섬기며 용서를 베풀기 원하십니다. 이 과정에서 우리는 하나님의 형상을 세상에 드러내는 삶을 살게 됩니다.

8장에서는 하나님의 자녀로서 살아갈 수 있는 능력을 부어주시는 성령님에 대해 배웠습니다. 9장에서는 마태복음 18장에 나오는 '만 달란트 빚진 자'의 비유를 통해 성령님께서 부어주시는 사랑, 섬김, 용서의 능력이 우리의 대인관계에서 어떻게 드러나게 되는지 알아보겠습니다.

1) 하나님 나라에서 큰 자는 누구인가?

- **누가 큰 자인가?: 제자들의 논쟁**

마태복음 18장은 제자들이 예수님께 천국에서 누가 큰 자인지 질문하는 장면으로 시작됩니다. 제자들은 당시 예수님께서 로마제국을 몰아내고 왕좌에 오르면 누가 더 높은 지위에 오를 것인가에 관심이 집중되어 있었습니다. 이런 제자들의 마음을 꿰뚫어 보신 예수님께서는 한 어린아이를 불러 세우신 후 이렇게 말씀하셨습니다.

> 그러므로 누구든지 이 어린 아이와 같이 자기를 낮추는 사람이 천국에서 큰 자니라. 또 누구든지 내 이름으로 이런 어린 아이 하나를 영접하면 곧 나를 영접함이니(마 18:4-5)

- **하나님 나라의 연결된 3의 관계 원리**

어린아이를 영접하는 것이 곧 예수님을 영접하는 것과 같다고 하신 말씀에서 우리는 하나님께서 원하시는 대인관계에 관한 중요한 단서를 얻을 수 있습니다. 그것은 우리가 '어린아이'로 상징되는 믿음이 연약한 사람들과 사회적 약자들을 대하는 태도를 하나님을 대하는 태도와 같게 보신다는 것입니다. 부모도 여러 자녀 중 더 연약한 자녀에게 각별한 마음을 갖는데, 하물며 모든 사람을 자녀로 두신 아버지 하나님께서 연약한 사람들에게 더 애틋한 마음을 가지시는 것은 당연한 일입니다.

예수님께서는 또한 이웃사랑에 관해 이렇게 말씀하셨습니다.

네 마음을 다하고 목숨을 다하고 뜻을 다하고 힘을 다하여 주 너의 하나님을 사랑하라 하신 것이요 둘째는 이것이니 네 이웃을 네 자신과 같이 사랑하라 하신 것이라 이보다 더 큰 계명이 없느니라(막 12:30-31)

이 대계명(The Great Commandment)은 하나님을 사랑하고 이와는 별도로 이웃을 사랑하라는 두 가지 종류의 사랑이 아니라, 하나님께 받은 사랑이 이웃에게도 그대로 전달되어야 한다는 것을 의미합니다. 이웃이 어린아이처럼 연약한 사람이라면 더욱 겸손하고 용납하는 마음으로 섬기라는 것이 하나님 나라의 대인관계 원

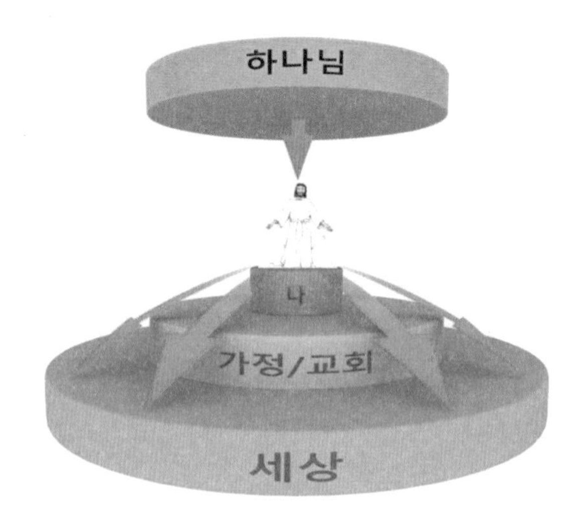

<그림 15> 하나님 나라의 연결된 3의 관계 원리

하나님께 받은 사랑, 축복, 용서를 누리는 동시에 내가 속한 가정, 교회, 직장에서 나눠주면서 점차 외부 세상 영역으로도 확장해나가는 것이 '연결된 3의 관계 원리'다. 이 대계명은 태초에 에덴동산에서 하나님께서 아담에게 주셨던 대위임령과 같은 하나님-나-너가 하나로 연결된 수직-수평 관계로 이뤄져 있다.

리입니다.

이렇게 하나님께서 기뻐하시는 관계는 '하나님-나-너'가 하나로 연결된 3의 관계입니다. 하나님과의 관계가 회복된 성도는 성령을 통해 부어지는 사랑의 능력을 통해 다른 사람을 있는 모습 그대로 사랑할 수 있다는 것이 성경이 가르치는 연결된 3의 관계 원리입니다. 이것은 태초에 에덴동산에서 아담에게 주어졌던 제사장의 직무와 동일합니다. 예배를 통해 하나님의 임재와 축복을 누리면서 주변 사람들에게 그 축복을 나눠주고 섬기는 것이 하나님 나라 제사장의 역할이기 때문입니다.

하나님의 사랑을 깊이 경험하면 다른 사람도 하나님께 받은 사랑으로 사랑하게 되므로 하나님을 사랑하는 것과 다른 사람을 사랑하는 것은 결국 같은 결과가 됩니다. 반대로 하나님을 사랑한다고 하면서 다른 사람을 사랑하지 못하는 신앙은 '하나님-나' 그리고 '나-너'가 분리되어 하나님의 사랑이 이웃에게 전달되지 않는 '분리된 2의 관계'입니다. 하나님께 받기만 하고 이웃에게 전달하지 않는 자기중심적 신앙에 대해 성경이 무엇을 말하는지 알아보도록 하겠습니다.

---

2) 하나님 나라의 용서: 만 달란트 빚진 자의 오류

- 만 달란트 빚진 자의 이중 잣대

하나님-나-이웃이 연결된 3의 관계 원리가 대인관계에서 '용서'로 나타나야 한다는 것이 마태복음 18장 23-35절에 나오는 '만 달란트 빚진 자'의 비유입니다. 이 비유에는 종들과 회계결산을 하는 한 임금이 등장합니다. 엄격한 원칙을 가진 이 임금은 만 달란트의 빚을 진 한 종에게 몸과 가족까지 팔아서라도 빚을 갚으라고 추상 같은 명령을 내립니다.

> 결산할 때에 만 달란트 빚진 자 하나를 데려오매 갚을 것이 없는지라 주인이 명하여 그 몸과 아내와 자식들과 모든 소유를 다 팔아 갚게 하라 하니(마 18:24-25)

여기서 잠시 로마시대 당시 금액의 단위와 규모에 대해 이해하고 넘어갈 필요가 있습니다. 달란트(talent)는 금을 세는 큰 액수의 단위였습니다. 1달란트는 당시 노동자 한 명이 약 16년을 일해야 벌 수 있는 엄청난 금액이었습니다. 따라서 만 달란트는 평생 일해도 도저히 갚을 수 없는 엄청난 빚을 의미합니다.

빚을 도저히 갚을 수 없는 종은 엎드려 절하면서 "내게 참으소서 다 갚으리이다(26절)"라고 간청했습니다. 그러자 임금은 불쌍한 마음이 들어 종을 풀어주고 빚을 탕감해주는 큰 은혜를 베풉니다. 이 장면을 보면 이 엄격한 임금은 약자를 불쌍하게 여기는 따뜻한 마음도 가진 사람임을 알 수 있습니다. 이쯤 되면 이 임금이 누구를 상징하는지 감을 잡으셨을 것입니다. 그렇습니다. 우리 하나님은 공의로운 분으로서 죄에 대해 엄정한 심판을 내리시지만 동시에 죄인들을 긍휼히 여기시는 사랑의 하나님이십니다.

이렇게 큰 빚을 탕감받았다는 것은 정말로 큰 감사와 감격으로 반응해야 할 일입니다. 그런데 이 종의 다음 행동이 가관입니다. 빚 탕감을 받은 후 나간 이 종은 길에서 100데나리온 빚진 동료를 만나게 됩니다. 1데나리온은 당시 노동자들의 하루 일당이었습니다. 만 달란트라는 어마어마한 금액에 비하면 100데나리온은 서너 달 일하면 갚을 수 있는 비교적 적은 액수였습니다. 그런데도 이 종은 "나에게 참아 주소서 갚으리이다"라고 애원하는 동료의 멱살을 잡고 감옥에 가두는 냉혹한 모습을 보여줍니다. 방금 전 임금에게 용서를 간청하던 불쌍한 모습은 전혀 찾아볼 수 없습니다. 이 어이없는 장면을 목격한 동료들이 임금에게 가서 이 사실을 알리자 임금은 종을 잡아오게 하여 호통을 칩니다.

> 악한 종아 네가 빌기에 내가 네 빚을 전부 탕감하여 주었거늘 내가 너를 불쌍히 여김과 같이 너도 네 동료를 불쌍히 여김이 마땅하지 아니하냐(마 18:32-33)

노한 임금이 이 악한 종을 감옥에 가두는 것으로 비유는 끝이 납니다. 비유를 마치신 예수님은 제자들에게 이렇게 말씀하셨습니다.

> 너희가 각각 마음으로부터 형제를 용서하지 아니하면 나의 하늘 아버지께서도 너희에게 이와 같이 하시리라(마 18:35)

임금의 기준은 '임금-종' 사이에 있었던 용서가 '종-동료' 간에도 그대로 적용되어야 한다는 것입니다. 이것은 예수님께서 제자들에게 어린아이를 가리켜 말씀하셨던 '하나님-나-너'가 연결된 3의 관계 원리와 같습니다. 그러나 악한 종은 임금에게 받은 용서를 빚진 동료에게 적용하지 않았습니다. 이것은 '임금-나'의 관계와 '나-동료' 관계가 분리된 2의 관계입니다. 나는 용서를 받아야 하지만 다른 사람은 용서하지 못하겠다는 이러한 이중잣대가 얼마나 자기중심적입니까? 예수님께서는 다른 사람을 용서하지 않는 사람은 하나님께서도 용서하지 않으실 것이라고 단호하게 말씀하셨습니다.

---

3) 연결된 3의 관계 원리를 적용하는 삶

- 주변 사람들을 대하는 우리의 자세

지금까지 어린아이와 같이 연약한 사람들을 예수님 대하듯 섬겨야 한다는 것과 하나님께 용서받은 그대로 다른 사람들도 용서해야 한다는 하나님 나라의 섬김과 용서 원리에 대해 살펴보았습니다. 두 이야기 모두 공통적으로 하나님께서 기뻐하시는 '연결된 3의 관계'와 하나님께서 악하게 보시는 '분리된 2의 관계'를 분명하게 대조시켜 보여주고 있습니다.

그렇다면 이제 우리가 평소 주변 사람들을 어떻게 대하고 있는지 생각해볼 차례입니다. 하나님께 죄를 용서해달라고 기도하면서 정작 믿음이 연약한 지체를 대할 때는 함부로 판단하고 정죄한 적이 없는지요? 하나님께는 정성을 다해 예배드리면서 식당 직원분께 함부로 대한 적은 없나요?

특히, 부모, 교육자, 목회자, 경영자, 직장상사 등 리더 위치에 있다면 자녀, 학생, 성도, 부하직원 등 팔로워(follower)와의 관계에서 연결된 3의 관계 원리가 평소 말과 행동에 적용되고 있는지, 아니면 하나님을 잘 섬긴다고 하면서도 팔로워들에게 냉혹한 말과 행동으로 대하는 분리된 2의 관계 원리를 따르고 있는지 점검해봐야 합니다.

예수님의 말씀에 따르면 나보다 연약한 사람을 무시하는 것은 하나님을 무시하는 것과 같습니다. 내 죄는 용서받고 나에게 잘못한 다른 사람을 용서하지 않는 태도는 하나님의 진노를 자아내게 됩니다.

- **부부, 자녀관계에서의 연결된 3의 관계 원리**

선악과를 따먹고 관계 단절을 경험한 아담과 하와의 때로부터 우리가 살아가는 지금에 이르기까지 섬김과 용서가 가장 절실한 관계가 부부관계입니다. 사도 바울은 '그리스도-교회'와 '남편-아내'와의 관계를 다음과 같이 표현하고 있습니다.

> 아내들이여 자기 남편에게 복종하기를 주께 하듯 하라 이는 남편이 아내의 머리 됨이 그리스도께서 교회의 머리 됨과 같음이니 그가 바로 몸의 구주시니라(엡 5:22-23)

여기까지 읽은 아내들은 불만을 가질 수 있습니다. 부족한 남편에게 예수님께 하듯이 복종하라니요? 그러나 다음 구절을 읽어보면 오히려 남자들이 긴장해야 합니다.

> 남편들아 아내 사랑하기를 그리스도께서 교회를 사랑하시고 그 교

회를 위해 자신을 주심 같이 하라(엡 5:25)

이 말씀에 따르면 남편은 예수 그리스도께서 "교회를 위해 자신을 주심 같이" 아내를 사랑해야 합니다. 이것은 예수님께서 성도들을 위해 자기 몸을 희생하신 것처럼 남편이 아내를 위해 죽을 각오로 사랑하라는 것입니다. 남편이 아내에게 순종을 요구하는 전제가 아내를 위해 목숨까지 버리는 사랑입니다. 이렇게 남편은 아내를 제 몸과 같이 사랑하고 아내는 남편에게 복종하는 것이 '예수님-나-배우자'가 하나로 연결된 성경적 부부관계입니다.

내 죄를 위해 희생당하신 예수님께 깊은 감사를 느끼는 남편이라면 아내의 허물도 용서할 수 있습니다. 남편에게 복종하는 것이 예수님께 순종하는 것과 같다고 여기는 아내라면 부족한 남편에게도 자존심 세우지 않고 복종할 수 있습니다. 결국 배우자를 용서하지 못하겠다는 태도는 하나님께 내가 범한 죄가 얼마나 큰지 생각하지 않고 배우자의 허물만 바라보는 분리된 2의 관계 관점입니다. 배우자의 허물을 보기에 앞서 하나님 앞에 만 달란트와 같은 내 죄가 더 심각하다는 것을 인정해야 합니다. 이런 나를 용서하신 하나님의 사랑을 기억할 때 배우자에게 용서의 손을 내밀 수 있습니다.

자녀관계에서도 동일한 원리가 적용됩니다. 자녀들이 부모님께 순종하는 것은 당연한 일입니다. 그러나 성경은 부모들이 자녀들을 대하는 태도에 대해서도 가르치고 있습니다.

또 아비들아 너희 자녀를 노엽게 하지 말고 오직 주의 교훈과 훈계

로 양육하라(엡 6:4)

많은 부모들이 자녀를 마음대로 할 수 있다는 소유물로 생각하면서 순종을 강요합니다. 그러나 성경이 말하는 부모의 양육은 "주의 교훈과 훈계"에 근거한 것이지 부모 마음대로 권위를 휘두르라는 것이 아닙니다. 부모가 먼저 하나님께 받는 사랑을 체험하고 자녀에게 그 사랑을 전하는 '하나님-부모-자녀'의 연결된 3의 관계를 실천할 때 하나님 사랑이 흘러넘치는 가정이 이뤄질 것입니다.

- **교회 안에서의 관계 점검하기**

교회 안에서는 과연 연결된 3의 관계 원리가 실현되고 있을까요? 교회 안에서도 사회적 지위가 높은 사람이 높임을 받고 약자들이 소외되고 있지 않은지 조심스럽게 되돌아보게 됩니다. 초대교회 당시에도 그런 모습이 있었습니다. 야고보 사도는 부자를 대접하고 가난한 자를 멸시하는 세상의 판단 기준을 그대로 받아들인 교회의 모습을 엄중하게 질책합니다.

내 형제들아 영광의 주 곧 우리 주 예수 그리스도를 믿는 믿음을 너희가 받았으니 사람을 외모로 취하지 말라 만일 너희 회당에 금가락지를 끼고 아름다운 옷을 입은 사람이 들어 오고 또 더러운 옷을 입은 가난한 사람이 들어올 때에 너희가 아름다운 옷을 입은 자를 돌아보아 가로되 여기 좋은 자리에 앉으소서 하고 또 가난한 자에게 이르되 너는 거기 섰든지 내 발등상 아래 앉으라 하면 너희끼리

서로 구별하며 악한 생각으로 판단하는 자가 되는 것이 아니냐(약 2:1-4)

교회에서는 빈부격차, 사회적 지위에 상관없이 예수 그리스도 안에서 형제자매가 됩니다. 교회는 사회적 약자들이 사랑과 섬김을 경험하는 곳이 되어야 합니다.

한편, 교회에서 갈등이 발생할 때도 연결된 3의 관계 원리에 따라 용서로 해결하지 못하고 세상 법정에까지 가게 되는 안타까운 모습들을 종종 보게 됩니다. 사도 바울은 고린도교회에서 있었던 분쟁에 관해 이렇게 꾸짖었습니다.

너희 중에 누가 다른 이와 더불어 다툼이 있는데 구태여 불의한 자들 앞에서 고발하고 성도 앞에서 하지 아니하느냐 성도가 세상을 판단할 것을 너희가 알지 못하느냐 세상도 너희에게 판단을 받겠거든 지극히 작은 일 판단하기를 감당하지 못하겠느냐 …… 형제가 형제와 더불어 고발할뿐더러 믿지 아니하는 자들 앞에서 하느냐(고전 6:1-6)

오늘날 교회 안에서 성경이 거듭 강조하는 연결된 3의 관계 원리가 적용된다면 사회의 약자들이 교회에서 새 힘을 얻게 될 것이고 진정한 회개와 용서의 능력으로 교회의 많은 분쟁도 사라지게 될 것입니다. 세상은 그런 교회의 모습 속에서 하나님의 선하신 형상을 발견하게 될 것입니다.

- **사회적 약자를 대하는 그리스도인의 자세**

이제 좀 더 큰 범위에서 우리 사회가 약자들을 어떻게 대하고 있는지도 생각해봐야 합니다. 소위 '갑질'이 사회적 문제가 되고 있고, 경제적 약자들이 고통을 당하는 빈부격차가 심각한 사회적 문제로 대두되고 있는 현실입니다. 이것은 자신이 받은 것은 당연시하고 가진 것을 연약한 자와 나누지 않는 분리된 2의 관계 원리가 우리 사회를 지배하고 있다는 것을 의미합니다.

반대로 하나님께서는 구약시대부터 이미 사회적 약자들을 각별히 보살피라는 명령을 내리셨습니다.

> 너는 이방 나그네를 압제하지 말며 그들을 학대하지 말라 너희(이스라엘 백성들)도 애굽 땅에서 나그네였음이라 너는 과부나 고아를 해롭게 하지 말라(출 22:21-22)

이스라엘 백성도 이집트에서 약자로 서러움을 당해봤으니 이스라엘 안으로 들어온 이방인 처지를 알지 않느냐는 말씀입니다. 강자가 약자를 지배하는 약육강식 문화가 보편적이었던 고대 사회의 특성을 감안할 때 참으로 놀라운 명령이 아닐 수 없습니다. 여기서 말하는 이방 나그네는 오늘날로 따지면 외국인과 다문화가정, 탈북 새터민이라고 할 수 있습니다. 따라서 낯선 한국 땅에 온 이들에게 따뜻한 손길을 내밀어야 합니다. 또한 과부와 고아는 스스로 생계를 유지하기 어려운 경제적 약자들을 상징합니다. 하나님께서는 이런 사회적 약자들을 보살피지 않는 것을 큰 죄악으로 여기십니다. 하나님께서 이들을 얼마나 아끼시는지는 다음 구절에서 분명하게 드러납니다.

> 네가 만일 그들을 해롭게 하므로 그들이 내게 부르짖으면 내가 반드시 그 부르짖음을 들으리라 나의 노가 맹렬하므로 내가 칼로 너희를 죽이리니 너희의 아내는 과부가 되고 너희 자녀는 고아가 되리라(출 22:21~23)

구약시대의 이 명령은 신약시대에도 그대로 이어집니다. 교회는 처음부터 사회적 약자들을 돌보는 '구제' 사역을 중요하게 여겼습니다.

> 하나님 아버지 앞에서 정결하고 더러움이 없는 경건은 곧 고아와 과부를 그 환난중에 돌보고 또 자기를 지켜 세속에 물들지 아니하는 그 것이니라(약 1:27)

부모의 마음이 연약한 자녀에게 가듯이 하나님의 마음은 언제나 연약한 사람들을 향하고 있습니다. 감사하게도 한국교회는 오래전부터 사회적 약자들을 돌보는 일에 앞장서오고 있습니다. 최근에는 교회들이 다문화가정과 새터민까지 돌보는 아름다운 모습도 나타나고 있습니다. 그러나 장기적 경제위기 가운데 한국사회는 더 많은 교회의 손길을 필요로 하고 있습니다. 이제 교회의 유지를 위해 사용하던 많은 예산을 더욱 알차게 운영하여 하나님의 사랑을 사회의 약자들과 나누고 섬기는 교회가 될 수 있도록 더욱 힘을 모아야 합니다.

• 믿지 않는 사람들과의 관계

연결된 3의 관계 관점으로 볼 때 믿지 않는 사람들은 우리 그리스도인이 섬겨야 할 영적 동생들입니다. 성경을 살펴보면 믿음의 선배들은 세상의 악을 단호하게 거부하면서도 믿지 않는 사람들과 좋은 관계를 맺으면서 그들을 존중하고 섬기는 자세를 가졌다는 것을 발견하게 됩니다.

믿음의 조상 아브라함은 아내 사라가 죽자 가나안의 헷(히타이트) 족속과 매장지 구입을 놓고 거래를 하게 되었습니다. 주목할 것은 아브라함이 겸손하게 그들을 존중하는 자세를 취했다는 것입니다.

> 아브라함이 일어나 그 땅 주민 헷 족속을 향하여 몸을 굽히고(창 23:7)

아브라함을 대하는 헷 족속의 정중한 태도는 더 놀랍습니다.

> 내 주여 들으소서 당신은 우리 가운데 있는 하나님이 세우신 지도자이시니 우리 묘실 중에서 좋은 것을 택하여 당신의 죽은 자를 장사하소서 우리 중에서 자기 묘실에 당신의 죽은 자 장사함을 금할 자가 없으리이다(창 23:6)

거칠기로 악명 높은 헷 족속이 아브라함을 "주"와 "하나님이 세우신 지도자"로 호칭하면서 매장지를 무상으로 제공하는 파격적인 호의를 보이고 있습니다. 평소 아브라함이 그들에게 얼마나 깊은 신뢰와 존경을 받는 삶을 살았는지 알 수 있습니다. 아브라함은 아들 이삭의 아내를 타락한 가나안 족속 가운데 찾지 않고 머나먼 밧단아람까지 가서 찾을 정도로 철저한 믿음의 사람이었지만, 가나안 사람들을 이렇게 예의바르고 겸손한 자세로 대했습니다.

아브라함의 증손자 요셉은 출애굽 때 자신의 시신을 이집트에서 가지고 나가라는 유언을 남길 정도로 신앙의 정체성이 확고했지만, 파라오에게는 충성된 총리였습니다. 예루살렘의 무너진 성벽을 재건했던 탁월한 영적 리더였던 동시에 메데-바사(페르시아) 제국 아닥사스다[3] 왕의 총애받는 신하였던 느헤미야, 로마제국의 핍박 속에서도 정당한 국가의 권위에는 겸허하게 순종할 것을 가르친 사도 바울 등 믿음의 선배들은 신앙의 정체성을 굳게 지키면서도 믿지 않는 사람들을 존중하며 그들을 섬기는 삶을 살았습니다. 따라서 세상의 악으로부터 믿음을 지키는 동시에 믿지 않는 사람들을 겸손하게 섬기는 자세를 갖는 것이 하나님께서 기뻐하시는 '하나님-나-믿지 않는 사람'이 연결된 3의 관계입니다.

잠시 제 대학생 시절을 되돌아보고자 합니다. 저는 당시 교회 대학부에서 임원과 조장으로 섬겼습니다. 대학부 규모가 크다 보니 주중에도 임원회의, 캠퍼스 모임, 동기모임 등 여러 모임이 이어졌고, 토요일에는 조장모임에 참석했으며, 주일에는 하루 종일 임원업무를 수행하게 되었습니다. 이렇게 일주일 내내 교회 사람들과 어울리다 보니 유익도 많았지만 학과 사람들에게는 점점 소홀해졌습니다. 학과 모임에도 참여하지 못하다 보니 나중에는 학과에서

---

3 그리스를 침략한 것으로 유명한 크세르크세스 왕(아하수에로 왕)의 셋째 아들로, 아닥사스다 1세를 지칭함

의 인간관계를 아예 포기하게 되었습니다. 강의시간이나 점심시간에 학과 동기들이나 선후배들을 만나기는 했지만 적극적으로 관계를 쌓아가지는 못했습니다. 지금 생각해보면 교회에서 깊이 맺어진 인간관계를 통해 제 모든 사회적·정서적 욕구들이 충족되다 보니 교회 밖 사람들과의 관계맺음에 대한 아쉬움이 사라졌던 것입니다. 저도 모르는 사이에 제 마음속에는 교회 사람들이 1등급, 세상 사람들은 2등급으로 인간관계의 우선순위가 매겨져 있었습니다. 그런 제 모습이 믿지 않는 학과 사람들에게 얼마나 성의 없고 차가운 모습으로 보였을까요?

교회에서 인간관계의 필요를 다 채워놓고 교회 밖에서는 아쉬울 게 없다는 태도를 보이는 저 같은 그리스도인의 모습 속에서 사람들이 어떻게 하나님의 형상을 볼 수 있겠습니까? 교회생활에 만족한다고 해서 삶의 현장에 있는 소중한 영혼들에게 무관심했던 제 모습이 얼마나 자기중심적이었는지 모릅니다. 이 문제를 깨달은 후 저는 하나님께 회개의 기도를 올렸습니다.

기독교 신앙이 세상 사람들을 향한 영적 우월감이나 무관심을 정당화하는 근거가 되어서는 곤란합니다. 영적 동생들인 세상 사람들을 섬기지 않는 것은 '하나님-나-믿지 않는 사람들'이 연결된 3의 관계 원리에 어긋납니다. 믿음의 선배들이 보여준 것처럼 세상의 악에는 단호한 자세를 가지는 반면 하나님께 받는 사랑으로 세상 사람들을 섬기는 것이 진정한 그리스도인의 모습입니다.

4) 연결된 3의 관계: 구원과 성숙한 신앙의 지표

- 분리된 2의 관계 개념을 갖게 되는 이유

그렇다면 교회에 다니면서도 분리된 2의 관계 개념에 따라 사는 이유가 무엇일까요? 여러 가지 이유가 있겠지만, 우선 성경이 말하는 나의 죄가 얼마나 심각한 문제인지 정확하게 알지 못하고 있을 가능성이 있습니다. 진심어린 회개를 통해 하나님의 용서가 얼마나 큰 은혜인지 경험하지 못한다면 배우자나 이웃에게 용서를 베풀 능력도 생길 수 없기 때문입니다.

반대로 자신이 하나님의 심판을 피할 수 없는 심각한 죄인이라는 사실을 절실히 깨닫게 되면 예수님의 십자가 희생을 감사와 감격으로 받아들이게 됩니다. 이렇게 구원의 감격이 있는 사람은 성령의 능력에 힘입어 하나님께 받은 용서 그대로 다른 사람에게 베풀 수 있게 되는 것입니다.

- 연결된 3의 관계는 구원의 증거

예수님께서 만 달란트 빚진 자의 비유를 시작하실 때 이 비유가 천국에 관한 이야기라고 말씀하셨다는 사실에 주목해야 합니다. 용서가 하나님 나라에 가느냐 못 가느냐에 관련된 중요한 지표라는 것입니다.

> 그러므로 천국은 그 종들과 결산하려 하던 어떤 임금과 같으니(마 18:23)

같은 맥락에서 예수님께서는 마태복음 25장에서 장차 재림하실 때 구원받을 자와 구원받지 못할 자를 "양과 염소를 구분하는 것과 같이(32절)" 나누실 것이라고 말씀하셨습니다. 내용을 들여다보면 상당히 충격적입니다. 먼저 천국에 들어가는 의인들에게는 "지극히 작은 자 하나에게 한 것이 곧 내게 한 것(40절)"이라고 말씀하시고, 반대로 왼편에 있는 악인들에게는 "저주를 받을 자들아 나를 떠나 마귀와 그 사자들을 위해 예비된 영원한 불에 들어가라(41절)"고 무섭게 질책하십니다. 하나님을 열심히 잘 섬겼는데 왜 지옥에 가는지 납득하지 못하는 악인들은 예수님께 반문합니다.

> 그들도 대답하여 이르되 주여 우리가 어느 때에 주께서 주리신 것이나 목마른 것이나 나그네 되신 것이나 헐벗으신 것이나 병드신 것이나 옥에 갇히신 것을 보고 공양하지 아니하더이까(마 25:44)

이들은 자신이 뭘 잘못했는지 모르고 있습니다. "주여"라고 하는 걸 보면 이들이 예수님을 믿는 사람들인 것이 분명합니다. 그러나 예수님께서는 "…… 이 지극히 작은 자 하나에게 하지 아니한 것이 곧 내게 하지 아니한 것이니라(44절)"고 단언하십니다. 이 말씀은 누가 큰 자인지 질문했던 제자들에게 하신 말씀과 같습니다. 예수님을 주님이라고 부르면서 삶 속에서는 약자들을 함부로 대하는 신앙, 하나님께 자신의 죄는 용서해달라고 기도하면서 정작 용서를 간청하는 다른 사람은 용서하지 않는 신앙은 한마디로 하나님을 잘 믿고 있다는 착각에 빠져 있는 '거짓 신앙'이라는 것입니다. 진정으로 죄 사함 받고 거듭난 하나님의 자녀는 다른 사람들을 섬기며 용서하는 모습으로 하나님의 형상을 세상에 드러내게 된다는 것이 성경의 가르침입니다.

• 성령으로 할 수 있는 사랑과 용서

다행인 것은 이 장면이 예수님의 재림과 심판이 임하는 구원의 궁극적 완성 지점이라는 것입니다. 우리는 아직 이 궁극적 지점까지 가는 성화의 여정 가운데 있습니다. 자신이 큰 죄인임을 진정으로 깨닫고 회개하여 예수님을 구주로 영접했지만 아직 연약한 자를 잘 섬기지 못하는 미성숙한 믿음의 단계에 있을 수 있습니다. 또한 큰 상처를 준 사람을 용서할 마음의 여유가 없는 일시적인 상황에 처해 있을 수 있습니다. 성화 과정에서는 이렇게 우리의 수많은 연약한 모습이 노출되기 마련입니다.

그러한 연약한 모습을 보면서 비난하거나 피해자에게 가해자를 용서하라고 성급하게 강요해서도 안 됩니다. 섬김과 용서는 성령의 인도하심에 따라 자발적으로 하나님께 순종함으로 이뤄지는 것이지 맹목적인 의무감이나 강요에 의해 이뤄져서는 곤란합니다. 그런 부족함이 드러날 때는 기도와 격려, 위로로 옆에서 힘이 되어주고 성령님께서 주시는 적절한 기회가 오면 말씀으로 따뜻한 권면의 말을 하며 붙들어주는 것이 바람직합니다. 오직 성령님께 순종할 때 아담 안에서 죽을 "겉사람"은 낡아지고, 예수 안에서 새롭게 창조된 "속사람"은 사랑, 섬김, 용서를 행하면서 날로 새로워집니다.

그러므로 우리가 낙심하지 아니하노니 우리의 겉사람은 낡아지나

우리의 속사람은 날로 새로워지도다(고후 4:16)

겉(옛)사람 속의 속(새)사람

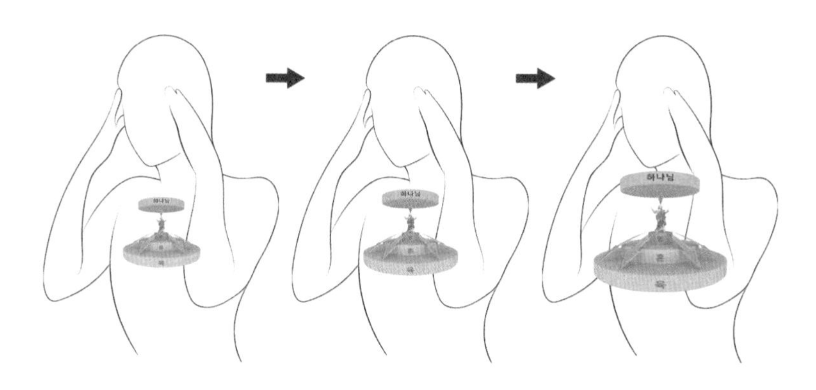

<그림 16> 성령 안에서 날로 성장하는 속사람

인류의 시조인 아담으로부터 물려받은 겉사람(옛사람)은 낡아져가는 반면 성령으로 거듭난 속사람(새사람)은 날로 성장하고 확장되는 성화 과정을 겪게 된다. 처음 예수님을 영접할 때 즉시 구원받지만 아직 속사람이 너무 작아서 자신의 여전한 옛 모습을 보면서 혼란을 경험할 수도 있다. 그러나 성령님의 인도하심 가운데 영적으로 점점 성숙해지면서 하나님의 사랑을 체험할 뿐만 아니라 받은 사랑을 나눌 수 있는 능력을 얻게 된다.

우리는 스스로 하나님을 사랑할 수도 없고 다른 사람을 사랑하고 용서할 능력이 없습니다. 성령님을 통해 부어지는 하나님의 무한한 사랑과 용서를 경험할 때 그 풍성한 사랑, 섬김, 용서를 다른 사람들에게 흘려보낼 수 있다는 것이 성경의 가르침입니다. 하나님의 자녀들이 '하나님-나-너'가 연결된 3의 '화목한' 관계를 실천하는 '영적 제사장'들이 될 때 우리의 가정과 교회, 직장, 한국사회가 사랑과 섬김, 용서가 흘러넘치는 하나님 나라로 회복될 것입니다.

> 모든 것이 하나님께로서 났으며 그가 그리스도로 말미암아 우리를 자기와 화목하게 하시고 또 우리에게 화목하게 하는 직분을 주셨으니(고후 5:18)

요약

1 예수님께서는 누가 더 높은지 다투는 제자들에게 어린아이를 보여 주시며 어린아이에게 행하는 것이 곧 자신에게 행하는 것이라고 말씀하셨습니다. 하나님께서는 연약하고 불쌍한 처지에 있는 사람들에게 각별한 관심을 갖고 계십니다.

2 만 달란트 빚진 자는 왕에게 탕감받는 큰 은혜를 입었는데도 100 데나리온 빚진 동료를 용서하지 않아서 큰 처벌을 받게 되었습니다. 하나님께서 우리를 사랑하시고 용서하시는 그대로 우리도 다른 사람들을 사랑하고 용서하라는 '연결된 3의 관계'가 하나님의 뜻입니다.

3 부부관계, 빈곤층이나 외국인 같은 사회적 약자들뿐만 아니라 영적인 약자들인 믿지 않는 사람들과의 관계에서도 하나님께 받은 사랑과 용서를 전하는 '연결된 3의 관계'가 적용되어야 합니다.

4 하나님께 사랑과 용서를 받으면서 다른 사람을 사랑하고 용서하지 못하는 '분리된 2의 관계'는 애초부터 자신의 죄가 얼마나 큰지 깨닫지 못했기 때문일 수 있습니다.

5 구원받은 성도는 성령께서 부어주시는 능력으로 다른 사람들을 사랑하고 섬기며 용서할 수 있습니다.

묵상

어렸을 때부터 갈등이 많은 가정에서 자란 저를 포함하여 주변 사람들을 보면 하나같이 관계의 문제들로 힘들어하고 있습니다. 부모와 자녀 간의 갈등, 부부간의 갈등, 직장동료 간의 갈등, 심지어 교회 안에서도 관계의 문제들이 존재하는 것을 볼 수 있습니다. 결론적으로 하나님과 올바른 관계를 맺고 성령을 통해 부어주시는 축복, 사랑, 용서의 능력을 힘입지 않고 내 힘으로 다른 사람을 진정으로 사랑하고 용서하기란 불가능합니다.

매일 하루를 마치면서 기도를 합니다. 하루의 삶을 되돌아보면 생각과 말과 행동으로 지은 죄들이 줄줄이 나옵니다. 예수님의 십자가 공로에 의지하여 하나님께 회개의 기도를 올립니다. 내 죄를 예수님께서 대신 지시고 나는 용서를 받는다는 사실에 참 감사합니다. 이렇게 나를 용서해주신 하나님의 은혜를 날마다 경험하면서 다른 사람들을 사랑하고 용서할 능력을 얻고 있습니다.

또한 받는 것에 익숙해지고 나누지 않는 자기중심적인 삶은 점점 불행해지고, 반대로 하나님께서 주신 것들에 감사로 반응하고, 받은 것은 다른 사람들과 나누고 섬기는 연결된 3의 관계를 맺는 삶이 진정으로 행복한 삶임을 깨닫고 있습니다. 여러분은 하나님과의 교제를 통해 날마다 풍성한 사랑과 축복, 용서를 경험하며 받은 대로 다른 사람들에게 행하고 계십니까?

10 교회: 오늘날 한국교회에는 어떤 리더십이 필요한가?

9장에서는 하나님께 받은 사랑, 섬김, 용서를 개인, 직장, 교회, 사회 차원에서 베풀어야 한다는 성경적 대인관계 원리에 대해 나눴습니다. 10장에서는 하나님께 위임받은 직분과 사명을 나눠주는 연결된 3의 관계 원리를 교회 구성원들 간의 관계에 적용하여 오늘날 한국교회의 맥락에 필요한 리더십과 조직구조의 모형을 제시하도록 하겠습니다.

1) 한국사회와 교회가 맞은 공통의 리더십 위기

- 한국사회의 리더십 위기

세계가 놀랄 만한 경제성장을 이루면서 끝없이 솟아오를 것만 같던 한국은 1997년 IMF 경제위기로 큰 타격을 받았습니다. 경제위기는 이후 사회 전반적인 위기로 확산되었습니다. 경제성장기에 부와 권력을 얻은 기득권 계층의 부패상이 불거져나오고, 경쟁에서 밀리고 소외된 사람들의 분노는 극에 달하고 있습니다.

세대 간 차이도 심각합니다. 기존 세대와 다르게 신세대는 결혼에 대한 관심도 높지 않고 자녀도 많이 낳지 않습니다. 언제 끝날지 모르는 장기적 불황 가운데 이러한 추세는 갈수록 심화되고 있습니다. 세대 간 차이는 역사관과 국가의 방향성을 놓고 벌어지는 사회 분열로도 치닫고 있습니다. 이렇게 사회 전반적인 위기가 위험수위를 넘나들고 있는데도 근본적인 해결책과 나아갈 방향은 보이지 않는 답답한 상황입니다.

정치뿐만 아니라 가정과 기업 조직문화[4]에도 여전히 남아 있는 폐쇄적 조직구조와 권위주의적 리더십은 구성원들 사이에서 상처, 소외감, 때로는 격렬한 반발과 분쟁을 일으키고 있습니다. 많이 좋아졌다고 하지만 강압적 음주문화와 대학 신입생 군기잡기 문화도 여전히 남아 있습니다. 한국의 위기는 한마디로 리더십의 위기라고 할 수 있습니다.

• 한국교회는 비호감

이런 사회적 혼란 가운데 한국교회도 위기를 맞이했다는 소식이 들려오고 있습니다. 한국교회에 대한 사회의 부정적 인식을 여실히 보여주는 것이 2014년도 한국갤럽 조사결과입니다. 이 조사에서 비종교인이 기독교에 대해 느끼는 호감도(10%)가 불교(25%), 천주교(18%)에 비해 현격하게 낮은 것으로 나타났습니다.[5] 교회에 대한 호감도가 줄어든 원인은 교회 본연의 모습을 벗어난

---

4 '하라면 하라' …… 한국 조직문화의 단면 http://news.chosun.com/site/data/html_dir/2016/10/17/2016101700850.html

5 한국갤럽. 한국인의 종교 1984-2014, pp. 95-96. 2014.

문제들 때문입니다. 그동안 언론에 드러난 문제들을 보면 권위주의 리더십, 맹목적 복종 강요, 무속적 기복주의, 교회성장지상주의, 재정비리, 담임목사직 불법세습, 목회자 성추문 등 비판을 받아도 할 말이 없는 문제들입니다.

더 심각한 것은 교회에 대한 부정적 인식이 교회의 선교사명에도 지장을 초래한다는 사실입니다. 장신대 이만식 교수님께서 2,200명의 교회 청년들을 대상으로 실시한 설문조사 결과에 따르면 청년들이 교회에 나가지 않는 이유가 "교회 운영에 대한 실망(27.3%)"으로 가장 많았고, "교역자에 대한 실망"이 20.3%로 두 번째였습니다.[6] 둘 다 교회의 조직 운영과 리더십에 대한 문제를 지적하고 있는 것을 볼 수 있습니다.

그렇다면 이런 부정적 요소들이 어디에서 온 것일까요? 하나님께서는 태초에 아담과 하와에게 에덴에서 누리는 하나님의 임재와 축복을 피조물들에게 나눠주고 섬기라고 명령하셨습니다. 하나님의 거룩한 형상을 온 세상으로 확장하라는 사명을 주셨습니다. 따라서 교회의 리더십은 나눔과 섬김이 핵심이고 교회의 구조는 외부로 끊임없이 확장되는 개방성과 역동성을 가져야 합니다. 예수님의 리더십도 권위주의나 맹목적 복종을 강요하는 모습과는 거리가 멉니다. 그렇다면 교회 안에 나타나는 폐쇄적 조직구조나 권위주의 리더십은 세상문화에서 들어온 것으로 볼 수밖에 없습니다. 이제 성경으로 돌아가 구약과 신약 시대 대표적 리더들의 모습을 살펴보면서 오늘날 한국교회의 시대적 맥락에 필요한 성경적

---

6 http://www.nocutnews.co.kr/news/4586485

리더십 모형을 도출해보도록 하겠습니다.

2) 구약시대의 리더십

성경을 보면 하나님께서 리더들에게 각 시대의 사명을 이루기에 가장 적합한 권위를 "위임"하셨음을 알 수 있습니다. 다시 말해, 권위는 하나님께서 부여하신 사명과 직책에 걸맞게 위임받아서 사용하는 것입니다. 진정한 권위의 소유자는 오직 하나님 한 분이시며 리더들은 위임된 권위를 관리하고 사용하는 '청지기(steward, 관리인)'들입니다. 이것이 권위에 대한 성경의 가장 본질적인 가르침입니다.

- **아담과 가인의 리더십**

인류 최초의 권한 위임은 하나님께서 아담에게 피조물들을 다스리고 에덴동산을 지키는 데 필요한 왕과 제사장의 권위와 사명을 위임해주신 것입니다. 그러나 아담이 주어진 권위를 잘 사용하지 못하여 피조물들의 "탄식과 고통(롬 8:22)"이 시작되었습니다. 그다음으로 아담의 큰아들 가인도 동생을 보살피며 섬기는 리더의 역할을 수행하지 못하고 오히려 동생 아벨을 질투하여 죽이고 말았습니다.

하나님께서 영적 리더에게 권위를 부여하시는 이유는 연약한 영적 동생들을 하나님의 말씀에 따라 잘 이끌고 섬기도록 하신 것이지, 아담이나 가인처럼 자신의 탐욕을 추구하거나 자존심을 지키기 위해 사용하라고 하신 것이 아닙니다. 하나님께 위임받은 권위를 올바르게 사용하지 않으면 공동체 구성원들이 큰 고통을 당하게 됩니다. 특히 연약한 지체들이 실패한 리더 때문에 받는 상처는 이루 말할 수 없습니다.

• 모세의 리더십

모세는 가장 강력한 권위를 위임받았는데도 잘 사용한 구약시대의 대표적 리더입니다. 모세는 지팡이로 홍해를 갈랐고, 하나님을 직접 대면하여 십계명을 받았던 특별한 리더였습니다. 이런 모습을 보면서 많은 사람이 모세를 카리스마 넘치는 리더로 인식하고 있습니다. 특히 한국의 전통적인 유교문화에서 자라난 목회자들에게 모세는 본받아야 할 '기름 부음 받은 주의 종'입니다. 그러나 성경을 자세히 살펴보면 모세의 리더십에 대한 커다란 오해가 있다는 것을 발견하게 됩니다.

당시 모세가 처한 시대적 상황은 성경 전체적으로 매우 특수한 경우에 해당됩니다. 출애굽 당시는 성경이 완성되기 전이었습니다. 그뿐만 아니라 이집트의 우상숭배 문화에 깊이 빠져 있던 수백만의 노예 출신 백성을 이끈다는 것은 40년간 양치기로 지낸 모세에게 사실상 불가능하게 느껴지는 임무였습니다. 하나님께서 모세에게 지팡이로 상징되는 강력한 권위를 부여하셔야 했던 충분한 역사적 맥락이 있었던 것입니다. 이러한 특수한 상황에서 주어진 모세의 특별한 권위를 신약 교회시대의 모든 목회자에게 부여된 보편적 권위라고 주장하는 것은 성경의 전체적인 흐름과 맥락을 고려하지 않은 결과입니다.

하나님과 “대면하여 아시던 자”였던 모세의 특별한 선지자적 권위는 “그 후 이스라엘에 모세와 같은 선지자가 일어나지” 못했다는 신명기 34장 10절 말씀으로도 뒷받침됩니다. 구약시대에도 모세 같은 지도자가 더 이상 등장하지 못했는데, 성령께서 역사하시는 신약시대의 모든 목회자에게 모세 같은 절대적 권위가 필요할까요?

한국교회에서 모세가 거론되는 경우는 보통 목회자의 과오가 드러날 때입니다. 우리는 흔히 이런 말을 듣게 됩니다.

> 모세가 구스 여인을 취했다고 비판했던 미리암이 문둥병에 걸렸고, 모세를 대적했던 고라 자손들은 심판을 당했다. 목사님은 기름 부음 받은 주의 종이기 때문에 잘못해도 비판하면 안 된다. 주의 종은 하나님께서 직접 심판하신다. 주의 종을 대적하면 미리암이나 고라 자손처럼 하나님께 심판받는다.

미리암과 고라 자손 이야기는 목회자의 과오에 대한 문제 제기를 차단하는 논리로 자주 사용되고 있습니다. 그러나 이것은 매우 잘못된 적용입니다. 미리암은 부당한 비판을 했기 때문에 문둥병 심판을 당한 것입니다. 하나님께서는 타락한 가나안 사람과의 결혼을 금지하셨지(출 34:16, 신 7:3-4) 이방인과의 결혼 자체를 문제 삼지 않으셨습니다. 따라서 미리암이 구스 여인과 결혼한 모세를 비방한 것은 벌 받아 마땅한 일이었습니다. 또한 고라 자손들도 모세를 정당한 이유 없이 비방했던 교만 때문에 심판받은 것입니다. 따라서 미리암이나 고라 자손 이야기가 목회자의 일탈행위에 대한 정당한 비판을 차단하는 근거가 될 수 없습니다.

그렇다면 모세는 어떤 리더였을까요? 민수기 12장 3절은 “이 사람 모세는 온유함이 지면의 모든 사람보다 더하더라”고 증언하고 있습니다. 모세는 백성의 불평과 반대자의 비방에도 흔들리지 않고 하나님만 의지하는 온유한 리더였습니다. 백성에게 자신의 권위를 내세우면서 맹목적 복종을 강요하는 리더가 아니었습니다. 모세의 온유하고 열린 자세는 장인 이드로가 찾아와 조언했을 때 잘 나타납니다. 종일 백성을 위한 재판을 하느라 힘겨워하는 모세에게 이드로가 천부장, 백부장, 오십부장, 십부장을 세워 권한을 위임하라고 조언하자 모세는 즉시 조언을 받아들여 그대로 행했던 것입니다(출 18:13-26).

또한 모세는 “나는 그들의 나귀 한 마리도 빼앗지 아니했고 그들 중의 한 사람도 해하지 아니했나이다(민 16:15)”라고 당당하게 말할 수 있는 깨끗한 리더였습니다. 모세는 자신의 강력한 권위가 하나님의 소유라는 것을 알았기에 함부로 남용하지 않았습니다. 이처럼 모세는 우리의 고정관념과는 다르게 온유하고 겸손하며 깨끗한 리더였습니다.

모세의 리더십이 한국의 1세대 목회자들에게 매력적으로 다가갔던 이유는 모세의 강력해 보이는 권위가 한국의 전통문화에서 비롯된 가부장적 권위와 비슷하게 보이는 착시현상을 일으켰기 때문입니다. 한국의 문화적 맥락에서 목회자는 하나님과 성도 사이에 위치하는 모세 같은 ‘기름 부음 받은 주의 종’으로 인식되었습니다. 목회자에게 무조건 순종하는 것이 곧 하나님께 순종하는 것이라는 문화적 인식을 공유하는 성도들이 목회자를 영적 리더를 넘어서 '영적 아버지'로 여기는 각별한 정서적 유대관계를 맺게 되었습니다. 그러나 시대적 맥락을 무시한 채 구약 출애굽 시대에 모세에게 위임된 특별한 리더십을 모든 시대에 보편적으로 적용할 리더십 모형으로 잘못 해석해서는 안 될 것입니다.

• 여호수아의 리더십

모세가 죽은 후 이스라엘 백성을 가나안 땅으로 인도한 여호수아는 성도들을 하나님 나라로 인도하시는 예수님을 상징하는 인물입니다. 여호수아는 이스라엘 군대를 지휘하여 가나안족과의 전쟁을 수행한 야전사령관형 리더였습니다. 요단강을 가르고, 여리고성을 무너뜨렸으며, 태양을 멈추는 놀라운 권능을 행했습니다. 그러나 하나님을 직접 대면하여 십계명을 받았던 모세의 권위에는 미치지 못했습니다. 그 이유는 간단합니다. 이미 모세 시대에 율법이 주어졌고 성막이 완성되는 등 신앙생활 체계가 확립되었기 때문에 모세만큼의 강력한 권위가 필요 없었기 때문입니다.

한 가지 흥미로운 사실은 히브리어 이름인 여호수아를 헬라어로 번역하면 '예수'이고, 둘 다 '여호와께서 구원하신다'는 같은 뜻이라는 점입니다. 이런 관점에서 여호수아서를 살펴보면 리더십의 위임과 관련된 중요한 대목이 나옵니다. 가나안 정복이 완수된 후 여호수아가 12지파에게 가나안 족속 잔당을 소탕하라는 사명을 지역별로 각각 "위임"한 것입니다. 구약이 신약의 예고편이라는 관점에서 12지파에 대한 사명 위임은 예수 그리스도께서 12제자에게 복음 전파의 사명을 위임해주신 것을 상징합니다.

> 가서 모든 민족을 제자로 삼아 아버지와 아들과 성령의 이름으로 침례(세례)를 베풀고 내가 너희에게 분부한 모든 것을 가르쳐 지키게 하라(마 28:19-20)

이 '대위임령(The Great Commission, 지상대명령)'은 사도들과 그 이후 교회 지도자들을 거쳐 오늘날 모든 성도들에게도 위임되었습니다. 성도들은 각자의 삶 속에서 진리의 복음으로 마귀의 잔당세력을 소탕하라는 사명을 부여받았습니다.

이처럼 성경이 강조하는 리더십은 계속해서 다음 리더들에게 위임되는 특징이 있습니다. 모세가 백성 사이에 리더들을 세워 권한을 위임한 것, 여호수아가 12지파에게 가나안 정복의 사명을 위임한 것, 예수님께서 12제자와 사도 바울 및 그 이후 모든 교회의 지도자들과 각 성도들에게 복음 전파의 사명을 위임하신 것은 모두 '리더십과 사명의 단계적 위임' 원리를 보여줍니다.

---

3) 신약 교회시대의 리더십

지금까지 구약시대의 모세, 여호수아에게서 도출한 성경의 리더십 원리를 살펴보았습니다. 이제 신약시대를 여신 예수님의 리더십과 예수님께서 세우신 사도들의 리더십에 대해 살펴보고 오늘날 목회자를 포함한 우리 성도들에게 주어진 권위와 사명이 어떤 것인지 살펴볼 차례입니다.

- **왕, 제사장, 선지자이신 예수 그리스도의 삼중직책 계승**

8장 '성령'에서 설명한 기름 부음을 받은 구약시대의 왕, 제사장, 선지자들을 기억하십니까? 이 세 리더는 하나님과 이스라엘 백성 간의 중재자들로서 예수님께서 행하실 세 가지 직분과 사역에 대한 상징이었습니다. 먼저, 예수님은 이스라엘의 왕 다윗의 정통 왕권을 계승하셔서 모든 만물을 통치하시는 '만왕의 왕'이 되셨습니다(계 17:14). 또한 구약시대의 대제사장직을 계승하셔서 "자기를 단번에 제물로 드려" 영원한 제사를 드리신 '대제사장'이 되셨습니다(히 9:26). 마지막으로 구약의 선지자 직을 계승하셔서 하나님의 진리를 이 땅에 온전하게 선포하신 '참 선지자'가 되셨습니다. 이 삼중직책을 한 번에 이루신 예수님을 '기름 부음 받은 자'라는 뜻의 '그리스도'라고 부르는 이유가 여기에 있습니다. '예수'는 이름이고 '그리스도'는 직분입니다. 기독교의 '기독'이라는 이름도 그리스도를 한문으로 표기한 것입니다. 그래서 기독교인은 그리스도를 섬기는 '그리스도인'이기도 합니다.

- **초대교회 사도들의 리더십**

이제 우리는 구약시대의 왕, 제사장, 선지자 직분을 계승하신 분이 예수 그리스도 한 분이심을 확실히 알게 되었습니다. 따라서 구약시대와는 다르게 신약시대에는 오직 예수 그리스도 한 분만이 하나님과 사람 사이의 중재자가 되십니다. 이제 예수님께서 신약시대 교회의 '터'로 세우신 사도[7]들의 리더십에 대해 살펴볼 차례

7 초대교회에는 사도 다음으로 선지자가 있었으나 역시 교회의 터를 세운 후 종결된 직책임(엡 2:20). 그 밖에 초대교회에 존재했던 직책들은 고린도전서 12장

입니다. 모세가 구약시대에 하나님을 대면하고 모세5경을 기록한 이스라엘의 특별한 지도자로 세워졌던 것처럼 사도들은 예수님을 대면하고 직접 받은 말씀으로 신약성경을 기록한 신약 교회시대의 특별한 지도자들이었습니다.

> 너희는 사도들과 선지자들의 터(foundation, 토대, 근간) 위에 세우심을 입은 자라 그리스도 예수께서 친히 모퉁잇돌이 되셨느니라 (엡 2:20)

사도직은 교회의 토대가 세워지고 신약성경이 완성된 오늘날 그 시한이 끝났으며 사도들이 수행했던 사명들은 그 이후 시대의 교회 지도자들과 오늘날 온 성도들에게 성령의 은사에 따라 다양한 방식으로 위임되었습니다. 사도들이 수행했던 설교와 교회교육 등의 사명들을 오늘날 목회자들이 수행한다고 해서 사도들이 가졌던 동일한 권위를 갖는 것은 아니라는 점을 지혜롭게 구분할 필요가 있습니다. 오늘날 목회자가 아무리 은혜 충만한 설교를 하더라도 신약성경에 추가되지 않는 것이 그 증거입니다.

다음으로 사도들의 리더십에서 눈여겨볼 부분은 성령님을 중심으로 소통했다는 것과 예수님께 받은 리더십을 자신들도 위임했다는 사실입니다. 교회 내부에 문제가 생겼을 때 예루살렘 회의(사도행전 15장)를 열어 말씀을 기준으로 여러 의견들을 모아 결정을 내렸습니다. 베드로와 바울이 교회의 구심점이 되었지만, 어느 한

28-30절에 나옴. 여기서는 본 주제에 관련된 사도직만 다루는 것으로 한정함

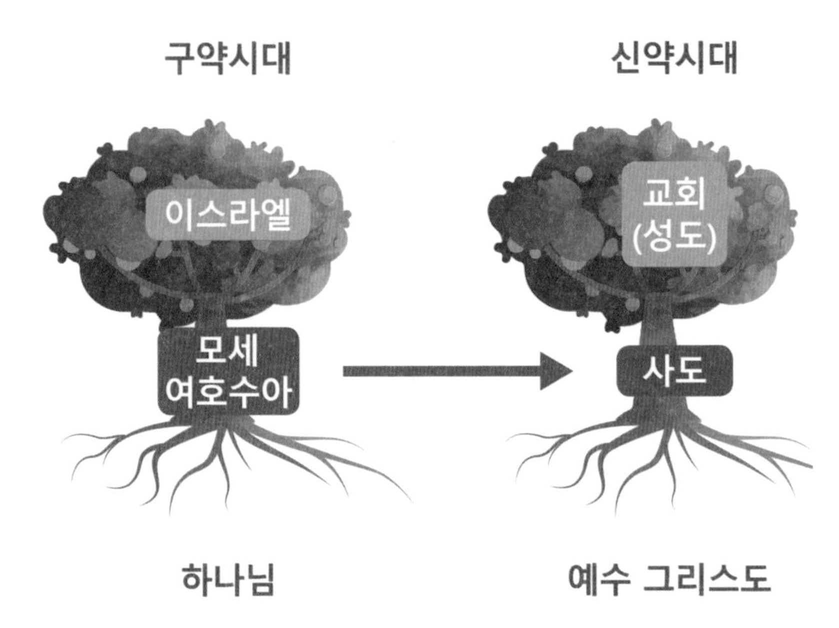

<그림 17> 구약시대와 신약시대의 리더십 구조 비교

구약시대에는 모세가 하나님을 대면하고 모세5경을 기록하는 이스라엘의 특별한 지도자로 세워졌다. 모세를 뒤이은 여호수아는 이스라엘 백성을 이끌고 가나안 땅에 입성했다. 신약시대에는 12제자와 바울 등 사도들이 예수님을 대면하고 신약성경을 기록하는 초대교회의 특별한 지도자들로 세워졌다.

사도가 절대적 권위를 단독으로 행사하는 모습은 찾아볼 수 없습니다. 예수님의 수제자였던 베드로의 과오에 대해 후배 사도인 바울이 공개비판을 했는데도 베드로가 겸손하게 수용할 정도로 사도들 간에는 수평적 관계가 형성되어 있었습니다.

사도 바울도 바나바와 실라 등 동역자들과 협력하여 사역했으며, 그 외에도 그를 돕는 수많은 평신도 사역자들이 있었습니다. 이처럼 구약시대와 달라진 신약교회의 리더십 모형은 크고 작은 리더들이 한 성령 안에서 소통하면서 협력 사역하는 것이 핵심이었습니다.

사도들은 예수님께서 자신들을 세우신 것처럼 구제 사역을 전담할 집사들을 안수하여 세웠습니다.

> 형제들아 너희 가운데서 성령과 지혜가 충만하여 칭찬받는 사람 일곱을 택하라 우리가 그 일을 그들에게 맡기고 우리는 오로지 기도하는 일과 말씀 사역에 힘쓰리라 하니(행 6:5)

초대교회에서 리더의 가장 중요한 기준은 성령 충만, 지혜, 바른 성품이었음을 알 수 있습니다. 그 결과 스데반, 빌립 등 7명의 집사가 교회의 새로운 리더들로 세워졌습니다. 이렇게 사도들이 리더십을 위임하여 집사들을 세운 결과는 교회의 '부흥'이었습니다.

> 하나님의 말씀이 점점 왕성하여 예루살렘에 있는 제자의 수가 더 심히 많아지고 허다한 제사장의 무리도 이 도에 복종하니라(행 6:7)

이 기록을 볼 때 교회의 부흥은 성도들이 성령 안에서 서로 원활하게 소통하면서 받은 권한과 사명들을 나누어 계속해서 새로운 리더들을 세울 때 자연스럽게 맺는 열매인 것을 알 수 있습니다.

- **하나님과 직접 소통하는 신약시대의 성도**

이제 예수님께서 십자가에서 돌아가시던 순간으로 잠시 돌아가 보겠습니다. 신약시대에 성도들이 어떤 위치에 있는지 알 수 있는 중대한 사건이 이곳에서 발생했기 때문입니다. 예수님께서 돌아가시던 순간 오직 대제사장만 들어갈 수 있었던 성전 지성소의 휘장이 찢어졌습니다.

> 이에 성소 휘장이 위로부터 아래까지 찢어져 둘이 되고 …… (마 27:51)

이것은 아담과 하와가 죄를 범한 이후 단절되어 있던 하나님과 사람의 관계가 대제사장 예수님의 희생으로 회복되었다는 것을 의미합니다. 구약시대에는 하나님께 나아가기 위해 '성전'이라는 장소와 '제사장'이라는 중재자가 필요했지만 신약시대의 성도들은 예수님 외에 그 어떤 중재자도 필요하지 않습니다. 오늘날 목회자들은 하나님과 성도 사이의 중재자들이 아니라 성도들의 영적 성장을 돕기 위해 세워진 영적 리더, 목자, 교사들입니다.

> 하나님은 한 분이시요 또 하나님과 사람 사이에 중보자도 한 분이시니 곧 사람이신 그리스도 예수라(딤전 2:5)

여기에서 하나님과 성도 간에 끼어드는 이단 교주들은 설 자리를 잃고 맙니다. 이단 교주 중에서 성도들을 위해 십자가에 자신을 희생하고 부활한 사람이 있습니까? 자신에게 예수의 영이 임했다거나 본인이 받았다는 특별한 계시를 깨달아야 하나님께 나아갈 수 있다고 가르치는 자는 결코 하나님께서 보내신 자일 수 없습니다. 그는 거짓 목자, 거짓 선지자입니다.

거짓 선지자들을 삼가라 양의 옷을 입고 너희에게 나아오나 속에는 노략질하는 이리라(마 7:15)

- **성도들을 왕 같은 제사장으로 삼아주신 예수 그리스도**

만왕의 왕이시며 대제사장이신 예수님께서는 성령님을 우리 모든 성도에게 보내셔서 하나님 나라의 '왕 같은 제사장'으로 기름 부어 세워주셨습니다. 베드로 사도는 신약시대 성도들의 새로운 신분을 이렇게 선포했습니다.

오직 너희는 택하신 족속이요 왕 같은 제사장들이요 거룩한 나라요 그의 소유된 백성이니 …… (벧전 2:9)

요한계시록 말씀을 보면 '왕 같은 제사장'이라는 구절을 "제사장이 되어 …… 왕 노릇 하리라"고 설명하고 있습니다.

…… 그들이 하나님과 그리스도의 제사장이 되어 천 년 동안 그리스도로 더불어 왕 노릇 하리라(계 20:6)

여기서 "그리스도로 더불어"라는 표현에 주목해야 합니다. 원래 하나님 나라를 통치하시는 왕과 제사장은 오직 예수 그리스도 한 분이십니다. 그런데도 예수님께서는 십자가 희생으로 구원하신 우리에게 왕관을 씌워주시며 자신의 통치에 참여하게 해주시는 것입니다. 우리의 상상을 넘어서는 큰 은혜가 아닐 수 없습니다!

지성소 휘장이 갈라진 신약 교회시대를 살아가는 성도들은 하나님 나라의 왕과 제사장들입니다. 에덴동산에서 죄를 범한 아담이 잃어버린 직분들이 회복된 것입니다. 하나님께서 아담과 하와에게 주신 세상 정복의 지상명령은 예수님께서 교회와 성도들에게 주신 복음전파의 지상명령으로 새롭게 주어졌습니다.

> 오직 성령이 너희에게 임하시면 너희가 권능을 받고 예루살렘과 온 유대와 사마리아와 땅 끝까지 이르러 내 증인이 되리라 하시니라 (행 1:8)

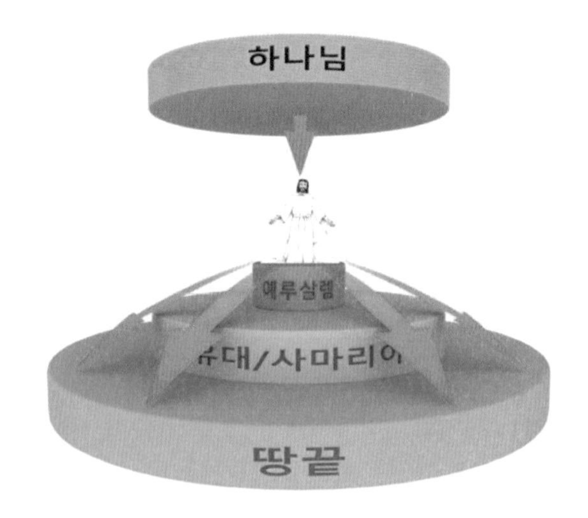

<그림 18> 예수님의 대위임령

태초에 하나님께서는 아담을 하나님의 형상을 닮은 자녀로 창조하신 후 왕과 제사장으로 삼으셔서 하나님의 형상으로 온 세상을 충만하게 채우라는 대위임령을 주셨다. 이제 회복된 하나님의 자녀들인 성도와 교회에게 예수 그리스도께서 새롭게 주신 대위임령은 복음을 땅끝까지 전하여 예수 그리스도의 형상으로 온 세상을 가득 채우는 것이다.

우리가 땅끝까지 복음을 전해야 하는 이유는 회복된 하나님의 형상이 온 세상에 충만해지도록 하라는 예수님의 명령을 수행하기 위해서입니다.

---

4) 한국교회의 시대적 맥락을 고려한 성경적 리더십

- 예수 안에서 서로 세워주는 목회자와 성도

신약시대라는 오늘날 시대적 맥락을 고려할 때 담임목회자가 모세 같은 절대적 권위를 가진 사제라는 생각이나 이단 교주들이 하나님의 직접 계시를 받은 목자라는 주장은 모두 교회의 유일한 머리(왕)이자 하나님-사람 사이의 유일한 중재자(대제사장)이신 예수 그리스도의 권위에 도전하는 비성경적인 가르침들입니다.

신약 교회시대의 목회자들은 '가르치는 장로이자 성경교사'로서 하나님의 말씀을 선포하고 성도[8]들을 훈련시키는 영적 리더의 직분과 소명을 받은 분들입니다. 따라서 목회자는 보통 예배를 인도하고 말씀을 선포하는 예배 인도자 및 설교자, 성도들에게 성경을 가르치는 성경교사, 신앙생활을 지도하는 목자, 코치 역할을 담당합니다. 이렇게 성령님께서 역사하시는 신약시대의 맥락을 이해한다면 목회자들의 권위와 역할을 정확하게 알 수 있고, 그동안 담임목회자의 그늘에 가려졌던 부목회자들도 지금보다 더 존중받는 결과를 가져올 것입니다.

---

8 보편적 교회의 성도에는 목회자도 포함되지만, 여기서는 개교회 수준에서 목회자를 제외한 '교인'을 성도로 지칭함

목회자들은 아무런 자격이 없는데도 예수 그리스도의 거룩한 직책과 사역에 참여하게 해주신 것을 크나큰 영광으로 알고 제자들의 발을 씻기신 예수님처럼 성도들의 발을 씻기는 겸손한 섬김의 자세를 가져야 합니다. 목회자들은 목자장 예수님께서 베드로에게 "내 양을 먹이라"고 말씀하신 것을 기억하고, 사도 바울이 디모데를 훌륭한 영적 리더로 키워낸 것처럼 성도들에게 권위와 사명을 위임하면서 능동적이고 성숙한 영적 리더들로 세워나가는 것을 목회 사역의 목표로 설정해야 합니다.

성도들도 인격적 관계를 기반으로 목회자를 영적 리더로 존중하고 섬기며 지도에 잘 따라야 합니다. 동시에 목회자의 동역자로서 옆에서 목회를 적극 도울 뿐만 아니라 복음을 전하고 연약한 영혼들을 키워낼 수 있는 탁월한 평신도 리더로 성장해야 합니다.

이러한 영적 리더십의 원리는 장로, 권사, 집사를 비롯한 교회의 모든 리더에게 동일하게 적용되는 보편적 원리입니다. 교회 모든 구성원이 교회의 유일한 머리 되신 예수 그리스도만을 섬기며 성령 안에서 주어진 은사와 역할에 따라 교회를 섬기고 새 리더들을 세우는 '그리스도의 한 몸 된' 교회를 이뤄야 합니다.

• 한국교회 이단 문제의 근본적인 해결 방법

오늘날 이단 교주들이 특별한 계시를 받은 목자를 자처하는 것은 무속적 신비주의의 영향도 있지만, 목회자가 구약시대의 모세 같은 절대적 지위를 갖는 것으로 오해하고 있는 데도 원인이 있습니다. 이단 교주들이 하나님의 직통 계시를 받았다거나 재림 예수를 자칭하는데도 의외로 쉽게 넘어가는 성도들이 많은 이유가 무엇일까요? 자신이 성령을 통해 하나님과 직접 소통하는 왕 같은 제사장이라는 정체성이 없기 때문에 사이비 이단 교주들의 거짓 진리를 쉽게 분별하지 못하는 것입니다. 한국교회가 성도들을 왕 같은 제사장들로 세워왔다면 오늘날과 같이 이단세력이 커지지는 못했을 것입니다. 이단 문제는 왕 같은 제사장으로서의 정체성을 가진 성도들과 목회자들이 서로 섬기고 세워주며 오직 예수 그리스도를 통해 하나님께 나아가는 교회를 바로 세울 때 근본적으로 해결될 수 있습니다.

• 리더십의 시대적 맥락 고려하기

지금까지 살펴본 성경의 리더십 모형을 보면 하나님만이 진정한 리더이시고 모든 권위와 직분은 위임받은 것이라는 본질은 변함없지만, 구체적인 리더십의 형태와 운용은 시대에 따라 달라진다는 것을 알 수 있습니다. 구약시대에는 기름 부음을 받은 한 사람의 강력한 리더가 이끌어가는 리더십이 일반적이었습니다. 그러나 성소 휘장이 갈라진 신약시대에는 성령님께서 모든 성도에게 역사하시기 때문에 사도, 선지자, 복음 전하는 자, 목사와 교사, 집사 같은 다양한 리더가 성령의 은사에 따라 역할을 나누어 초대교회를 이끌어갔던 것을 볼 수 있습니다(엡 4:11). 물론 교회가 세워지지 않은 불모지에는 사도 바울 같은 강력한 리더가 주도하는 사역도 여전히 병행되었습니다.

그러나 기독교가 로마제국의 국교가 되면서 신약시대 교회의 리더십은 변질되어갔습니다. '그리스도의 대리자'라는 중세 로마 가톨릭 교황과 그를 섬기는 사제들이 영적 권위를 독차지하고 성도들에게 성경 읽기를 금지시켰습니다. 사제들이 하나님과 성도 사이를 가로막자 교회는 부패했고 중세시대를 암흑시대로 만들고 말았습니다.

그러나 1450년경 구텐베르크의 인쇄혁명으로 일반인들도 책을 쉽게 읽는 시대가 되자 성도들이 자국어로 성경을 읽을 수 있는 여건이 조성되었습니다. 그리고 불과 60년 후인 1517년 10월 31일 마르틴 루터가 비텐베르크에서 '95개조의 반박문'으로 로마 가톨릭의 타락상을 꾸짖으면서 복음의 본질로 돌아가자는 종교개혁이 일어났습니다. 평신도들이 성령의 기름 부음을 받은 왕 같은 제사장이라는 '만인제사장주의'에 근거하여 직접 성경을 읽고 기도하며 하나님께 나아가는 신약 교회시대의 본질이 회복된 것입니다.

우리가 살아가는 오늘날 이 시대는 구텐베르크의 인쇄혁명과는 비교할 수 없을 정도로 교육과 의식 수준이 높아진 평신도들이 스마트폰 등 최첨단 정보 기기를 휴대하고 인터넷 등 각종 미디어와 일반, 전문서적을 통해 원하면 언제든지 필요한 지식과 정보를 습득할 수 있는 정보화 시대입니다. 앞으로 빅데이터와 인공지능이 더욱 활성화되면 개인이 사회의 중심이 되는 현상은 더욱 가속화될 것입니다. 그런 의미에서 오늘날 개인 간 쌍방향 소통이 가능한 소그룹 사역, 전문 목회자와 평신도 사역자의 협력 사역이 활발해지고 있는 것은 종교개혁 500주년이라는 교회사적 맥락에서 매우 자연스러운 시대적 흐름이라고 할 수 있습니다.

종교개혁은 아직 완성되지 않았습니다. 종교개혁 이후 지금까지도 성도들이 능동적이고 진취적인 왕 같은 제사장으로 세워지는 교회들이 많지 않기 때문입니다. 그러나 한국교회에는 여전히 희망이 있다고 믿습니다. 성도들에게 자신의 권위와 사명을 나누고 섬기며 평신도 사역자로 세우는 리더십을 실천하는 목회자들이 등장하고 있기 때문입니다. 담임목회자 중심의 대형교회를 꿈꾸기보다는 목회자와 성도들이 서로 존중하고 섬기며 작지만 알찬 신앙공동체를 일궈나가는 모습도 보입니다. 교회의 문을 열어 지역사회를 섬기는 개방적인 모습의 교회들도 나타나고 있습니다. 종교개혁 500주년을 맞이하여 이미 우리 안에 허락하신 성경적 리더십과 조직구조가 한국교회를 주도하는 큰 흐름으로 확장되도록 모두가 힘을 모아야 합니다.

이 장을 읽으시면서 성경적 리더십에 대한 여러분의 인식에 어떠한 변화가 있었습니까? 각자 받은 성령의 은사에 따라 교회와 성도들을 섬길 수 있는 리더의 자리에 설 뿐만 아니라 받은 직분을 새로운 리더들에게 나눠주고 다음 리더로 세우는 축복을 경험해보시길 바랍니다.

> 각각 은사를 받은 대로 하나님의 여러 가지 은혜를 맡은 선한 청지기 같이 서로 봉사하라(serve, 섬기라)[벧전 4:10]

요약

1 모든 권위의 주인이신 하나님께서는 시대적 맥락과 사명에 적합한 권위의 사용권을 위임해주시며, 모든 리더는 권위와 사명을 부여받은 청지기들입니다.

2 아담과 가인은 주어진 권위를 남용하여 자신의 욕심을 채우거나 약자들을 죽이는 데 사용한 실패한 리더들입니다. 반면 모세는 출애굽이라는 엄청난 사명을 수행하기 위한 강력한 권위를 부여받았으나 끝까지 남용하지 않았습니다. 예수 그리스도를 상징하는 여호수아는 가나안 정복 이후 12지파에게 잔당을 소탕하는 사명을 지역별로 위임했습니다.

3 예수님께서는 구약시대의 왕, 제사장, 선지자의 삼중직책을 완전하게 계승하셨고, 지성소의 휘장을 갈라서 모든 성도가 성령을 통해 하나님께 직접 나아가는 신약시대를 여셨습니다.

4 한국교회의 권위주의적 리더십은 구약과 신약 시대의 차이를 구분하지 못하고 유교의 권위주의와 구약시대의 리더십을 혼동했습니다. 목회자와 성도는 모두 하나님 나라의 왕 같은 제사장으로서 동등한 신분이며, 목회자는 성도들을 성숙한 믿음에 이르도록 훈련시키고 세우는 역할을 수행합니다. 성도들은 목회자의 리더십을 인정하고 신앙지도에 잘 따르면서 성령을 통해 하나님께 직접 나아가는 개인 경건생활도 충실하게 하는 능동적인 자세를 가져야 합니다.

묵상

지금까지 다녔던 여러 교회에서 크고 작은 갈등과 분쟁들을 목격했습니다. 갈등의 당사자들을 개인적으로 만나보면 대부분 하나님을 사랑하고 헌신적으로 교회를 섬기는 분들이었습니다. '왜 이런 좋은 분들이 서로 반목하는 것일까?'라는 질문이 이번 장을 쓰게 된 동기가 되었습니다.

많은 경우 교회 안의 갈등은 성경이 말하는 교회조직과 직분에 대한 오해에서 비롯됩니다. 성경이 말하는 교회는 절대적 권위를 가진 한 지도자의 명령으로 돌아가는 획일적인 조직이 아닙니다. 그렇다고 위계질서가 없는 수평조직도 아닙니다. 성부-성자-성령이라는 위계가 있으면서도 서로 동등한 인격으로 교제하시는 삼위일체 하나님의 관계가 그대로 적용되는 곳이 교회입니다.

교회의 지도자들은 하나님께 위임받은 권위를 두려움과 겸손함으로 사용하는 자세를 갖고 교회 구성원들을 섬기는 데 사용해야 합니다. 반대로 교회 구성원들은 정당한 지도자의 권위에 순종하면서도 능동적으로 협력하는 동역자들이 되어야 합니다.

교회에서 목회자와 교회 어른들의 강압적인 모습에 상처받은 젊은이들을 알고 있습니다. 하나님께서 주신 직분과 권위도 잘못 사용되면 흉기가 될 수 있습니다. 결국 바람직한 리더십은 예수 그리스도께서 이 땅에서 보여주신 사랑과 헌신, 섬김의 겸손한 모습임을 다시 한 번 깨닫게 됩니다. 여러분은 교회에서 어떤 모습의 리더와 팔로워가 되시겠습니까?

11 세상: 예수 그리스도의 리더십을 어떻게 세상에 드러낼 수 있는가?

10장에서는 신·구약시대의 주요 리더십 사례들을 검토하면서 오늘날 한국교회의 맥락에 필요한 리더십의 '위임'과 '상호 섬김'의 원리를 도출할 수 있었습니다. 11장에서는 좀 더 큰 보편적 차원에서 적용이 가능한 성경적 조직구조와 리더십의 원리에 대해 생각해보려고 합니다. 마귀의 리더십과 예수 그리스도의 리더십을 비교하면서 가정, 교회, 직장, 국가를 하나님 나라로 만드는 데 필요한 성경적 리더십 모형에 대해 알아보겠습니다.

1) 마귀의 리더십 vs. 예수 그리스도의 리더십

- **마귀의 자기중심적 리더십과 죽음의 피라미드형 조직구조**

마귀의 가장 큰 특징은 자기 자신을 높이는 데만 집착한다는 것입니다.

네가 네 마음에 이르기를 내가 하늘에 올라 하나님의 뭇 별 위에 내 자리를 높이리라 내가 북극 집회의 산 위에 앉으리라(사 14:13-14)

마귀가 에덴동산에서 사람에게 하나님 자리를 차지하라고 유혹했던 것도 이처럼 하나님 자리를 차지하려는 허황된 야망을 갖고 있기 때문입니다. 마귀는 사람들을 죄의 노예로 사로잡아 그 위에 군림합니다. 모든 것을 지배하려고 합니다. 심지어는 예수 그리스도께도 감히 경배를 요구하는 교만과 착각의 극치를 보여줍니다.

마귀가 또 예수를 이끌고 올라가서 순식간에 천하 만국을 보이며 이르되 이 모든 권위와 영광을 내가 네게 주리라 이것은 내게 넘겨준 것이므로 내가 원하는 자에게 주노라 그러므로 네가(예수님이) 내게(마귀에게) 절하면 다 네 것이 되리라(눅 4:5-7)

이처럼 권력욕에 사로잡힌 마귀가 역사하는 국가나 조직은 강한 자가 모든 부와 권력을 움켜쥐고 약자들을 지배하려고 합니다. 강압적 리더십은 그에 대한 반작용으로 약자들의 반발을 일으키기 때문에 조직 내 분쟁이 끊이지 않습니다. 그 과정에서 약자가 새로운 강자가 되어 권력을 거머쥐기도 합니다. 그러나 시간이 지나면 과거의 약자가 새 강자가 되어 다시 다른 약자를 지배하는 악순환이 반복됩니다. 마귀의 거짓말을 따라간 사람의 역사는 이처럼 끊임없는 권력투쟁으로 점철된 역사였습니다.

이 세상의 문제는 항상 힘을 가진 자들로부터 비롯되었습니다. 동생 아벨을 죽인 가인, 소년을 죽인 라멕, 인류 최초의 폭군 니므롯의 모습에서 강한 힘으로 약자들을 죽이고 압제하는 마귀의 영향력을 느낄 수 있습니다. 다윗을 시기하여 죽이려고 했던 이스라엘의 초대 왕 사울, 예수님을 정치적 위협으로 여겨 로마제국과 결탁하여 십자가에 매단 당시 이스라엘의 기득권 세력도 '살인자' 마귀를 따라가다가 멸망했습니다.

마귀의 영향을 받는 리더십은 조직에 도움이 될 만한 인물들도 다 쫓아내거나 죽이는 '자멸적' 리더십입니다. 이런 리더는 자기중심적 사고를 하기 때문에 진심어린 조언과 피드백도 무시해버립니다. 변화를 요구하는 새로운 자극과 깨달음을 매우 싫어하는 폐쇄적 태도를 가지고 있습니다. 반대로 자기 생각에 무조건 동조해주는 사람들을 좋아합니다. 그러니 더욱더 폐쇄적인 조직구조로 굳어지게 됩니다.

왜 이런 현상이 벌어질까요? 무한한 생명의 근원이신 하나님과의 관계가 단절되었기 때문입니다. 이런 리더들은 스스로 쟁취한 권력과 자원을 빼앗길까 봐 지키는 데만 급급하며, 심지어는 약자들의 것을 빼앗아서라도 내 것을 채워야 살아남을 수 있다는 두려움이 마음속에 도사리고 있습니다. 아벨을 죽인 후 다른 사람에게 죽임당할까 두려워서 성을 쌓은 가인, 자신에게 상처 입힌 소년을 살해한 라멕처럼 내가 먼저 상대방을 굴복시키거나 죽이지 않으면 상대방에게 먼저 당할지 모른다는 두려움에 사로잡혀 있습니다. 이렇게 두려움에 사로잡혀 있는 마귀의 사고방식과 조직구조가 지배하는 조직이나 국가는 구성원들 사이에 분쟁이 일어나 결국 쇠퇴하거나 멸망하게 됩니다.

이렇게 구성원들 간의 분쟁과 조직의 멸망을 초래하는 마귀의 조직구조는 비유하자면 돌로 쌓은 피라미드와 같습니다. 피라미드 조직구조는 가장 높은 곳에 위치한 한 명의 리더가 밑에서부터 위로 에너지를 빨아들이는 구조입니다. 맨 아래 약자로 갈수록 위로부터 내리누르는 무게를 감당하기 어려워지는 억압적 구조입니다. 돌로 만든 피라미드는 변화가 불가능한 경직된 구조물이기도 합니다. 또한 죽은 한 사람의 권력자를 위해 수많은 약자를 희생시키는 죽음의 구조물입니다.

이러한 마귀의 리더십이 영향을 주는 가정에서는 남편이 아내를, 부모가 자녀를 억압하면서 큰 갈등이 일어나게 됩니다. 부모가 자녀들에게 무조건 복종을 강요하는 경직된 태도로 대하면 자녀들은 인격적인 모욕감을 느끼게 되어 반항하게 됩니다. 강압적인 부모와 반항하는 자녀 사이에 발생하는 갈등의 악순환은 결국 가족 모두를 무너뜨리고 맙니다.

교회가 정체되거나 분쟁이 발생하는 것도 분별력 없이 마귀의 조직구조를 따라가기 때문입니다. 담임목회자 또는 특정세력이 교회의 모든 권력을 움켜쥐고 있으면 권위와 사명의 위임이 일어나지 못하게 됩니다. 다양한 구성원이 은사에 따라 역량을 제대로 발휘하지 못하고 '시키는 일만 하는' 수동적인 성향으로 굳어지게 되어 결국 교회의 생명력과 역동성이 저하됩니다. 또 다른 경우에는 기득권에 대한 강력한 반발과 저항이 일어나 심각한 갈등과 분쟁이 일어나기도 합니다.

- **예수 그리스도의 리더십과 생명나무 조직구조**

마귀는 아담과 하와에게 선악과를 따먹어 스스로 무엇이든지 할 수 있고 다른 사람들을 지배할 수 있는 강한 힘을 쟁취하라고 부추겼습니다. 그러나 예수 그리스도께서는 마귀와 정반대로 자신을 죽기까지 낮추시는 겸손의 리더십을 보여주셨습니다. 하나님께서는 "죽기까지 복종하신" 예수 그리스도를 "지극히 높여" 만물의 통치자로 세워주셨습니다.

> 그는 근본 하나님의 본체시나 하나님과 동등됨을 취할 것으로 여기지 아니하시고 오히려 자기를 비워 종의 형체를 가지사 사람들과 같이 되셨고 사람의 모양으로 나타나사 자기를 낮추시고 죽기까지 복종하셨으니 곧 십자가에 죽으심이라 이러므로 하나님이 그를 지극히 높여 모든 이름 위에 뛰어난 이름을 주사 하늘에 있는 자들과 땅에 있는 자들과 땅 아래 있는 자들로 모든 무릎을 예수의 이름에 꿇게 하시고 모든 입으로 예수 그리스도를 주라 시인하여 하나님 아버지께 영광을 돌리게 하셨느니라(빌 2:6-8)

이렇게 예수 그리스도께서 보여주신 하나님 나라의 리더십 원리는 자신을 겸손하게 낮출 때 하나님께서 높여주신다는 역설입니다.

우리는 앞서 모세, 여호수아, 예수님, 사도들을 통해 하나님 나라 리더십의 또 다른 특징이 권위의 '위임'에 있다는 것을 배웠습니다. 위임을 다른 말로 표현하면 나눔과 섬김이라고 할 수 있습니다. 내가 가진 권력과 기득권을 나보다 약한 자와 나누고 섬기는 리더십입니다. 십자가에서 자신의 생명을 나눠주시고 제자들의 발을 손수 씻기시며 섬기신 예수님의 나눔과 섬김의 모습이 하나님 나라의 리더십을 단적으로 보여줍니다. 이렇게 나누고 섬기는 하나님 나라의 리더들은 영혼 구원과 상한 마음의 회복, 공동체의 화합, 교회의 부흥 같은 값진 생명의 열매들을 맺게 됩니다.

이러한 나눔과 섬김의 원리는 자연에 담긴 섭리에서도 찾아볼 수 있습니다. 온 세상에 가득한 나무들을 잘 살펴보면, 뿌리에서 생명 에너지를 가지와 잎사귀 곳곳으로 나눠주어 아름다운 열매를 맺는 것을 볼 수 있습니다. 위에 있는 강자가 약자들로부터 에너지를 빨아들이는 피라미드의 폐쇄적 구조와 달리, 나무는 가장 낮은 곳에 위치한 뿌리가 위에 있는 가지와 잎사귀로 에너지를 나눠주어 열매를 맺게 하는 개방적 구조를 가지고 있다는 것을 발견하게 됩니다.

하나님 나라는 살아있는 나무와 같이 이 세상 곳곳으로 힘차게 뻗어나갑니다. 땅속뿌리 되신 예수님께서는 사도들을 교회의 굵은 나무 밑동으로 세우셨습니다. 그다음 단계에서는 굵은 가지, 가는 가지 순서로 권위와 사명이 계속해서 새로운 리더들과 성도들에게 위임되는 과정이 반복됩니다. 충분히 작은 가지로 분화되었을 때 잎사귀들이 돋아납니다. 잎사귀들에는 성령의 열매들과 구원받은 영혼들을 결실로 맺어 추수를 기다리게 됩니다.

여기서 우리는 은사에 따라 다양한 역할을 부여받은 성도들이 상호 협력하며 연합하여 머리 되신 예수 그리스도께 연결되는 교회의 모형을 발견할 수 있습니다. 이 모형은 예수님으로부터 시작된 생명력이 크고 작은 리더들을 통해 온 성도에게 전달되어 열매

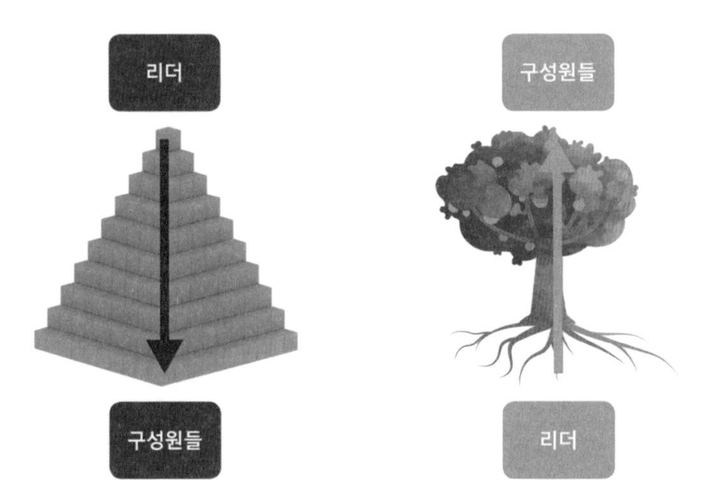

<그림 19> 피라미드형 조직구조와 나무형 조직구조 비교
마귀의 영향을 받는 강압적 리더가 세우는 피라미드 조직구조는 한 리더를 위해 조직 구성원 전체가 착취당하고 압제에 신음하는 것이 특징이다. 반대로 예수 그리스도의 리더십을 실천하는 리더가 세우는 나무형 조직구조는 리더의 헌신과 섬김으로 조직 구성원들이 리더들로 세워져가기 때문에 조직원 간에 소통이 원활하여 조직 내부에 생동감이 돌고 좋은 열매들을 결실로 거두게 된다. 세워진 구성원들은 리더에게 감사와 신뢰, 섬김으로 반응하게 되어 상호 섬김과 조화가 상시적으로 능력을 발휘하는 역동적인 조직이 만들어진다.

를 맺는 역동적인 조직구조를 보여줍니다. 사도 바울은 다음과 같이 예수님을 머리로 섬기는 교회의 생명력 넘치는 조직구조를 묘사합니다.

> 오직 사랑 안에서 참된 것을 하며 범사에 그에게까지 자랄지라 그는 머리니 곧 그리스도라 그에게서 온 몸이 각 마디를 통해 도움을 받음으로 연결되고 결합되어 각 지체의 분량대로 역사하여 그 몸을 자

라게 하며 사랑 안에서 스스로 세우느니라(엡 4:15-16)

돌로 만들어 움직이지 못하는 세상의 피라미드 조직구조와 끊임없이 힘차게 뻗어나가는 예수 그리스도의 나무 조직구조는 이렇게 큰 차이가 있습니다.

불의한 세상에서 많이 볼 수 있는 강압적 리더의 피라미드 조직구조는 구성원들을 압박하고 착취하여 일시적으로 큰 성과를 얻을 수도 있습니다. 그러나 장기적으로는 구조적 모순 때문에 무너지게 되어 있습니다. 반대로 하나님 나라의 나무형 조직구조는 단기적으로 큰 성과를 낼 수 없을 수도 있습니다. 영리를 목적으로 하는 기업에서는 더 어려움을 겪을 수도 있습니다. 그러나 구성원들이 한 마음이 되어 섬김으로 연합된 조직구조는 장기적으로 건강한 지속적 성장과 성숙을 경험하게 됩니다. 지금 여러분이 속한 가정, 교회, 직장, 국가는 어떤 조직구조 원리를 따르고 있습니까?

- 하나님 나라 리더의 자세: 24장로의 금관 반납

하나님 나라의 리더들은 주어진 권위와 직책을 대하는 자세도 다릅니다. 요한계시록 4장에는 하나님의 보좌 앞에 24장로가 앉아 있는 장면이 나옵니다.

또 보좌에 둘려 이십사 보좌들이 있고 그 보좌들 위에 이십사 장로들이 흰 옷을 입고 머리에 금관을 쓰고 앉았더라(계 4:4)

24장로는 구약의 이스라엘 12지파 대표와 신약의 12사도를 합한 24명으로 신·구약 온 성도의 대표들을 상징하는 것으로 해석할 수 있습니다. 이들은 베드로전서 2장 9절에서 말하는 "왕 같은 제사장"의 모습이며 예수님께서 야고보서 1장 12절에서 약속하신 "생명의 면류관"을 쓰고 있습니다. 24장로가 쓰고 있는 왕관은 원래 만왕의 왕이자 대제사장이신 예수님만이 쓰시기에 합당합니다. 이 왕관들은 하나님께서 아담에게 왕과 제사장의 직분을 부여하신 것처럼 성도들에게도 왕과 제사장 직분을 위임해주신 은혜를 상징합니다.

그런데 24장로가 왕관을 대하는 태도는 우리의 예상과 크게 다릅니다.

> 이십사 장로들이 보좌에 앉으신 이 앞에 엎드려 세세토록 살아 계시는 이에게 경배하고 자기의 관을 보좌 앞에 드리며 우리 주 하나님이여 영광과 존귀와 권능을 받으시는 것이 합당하오니 주께서 만물을 지으신지라 만물이 주의 뜻대로 있었고 또 지으심을 받았나이다 (계 4:10-11)

이 장면에서 24장로는 겸손하게 엎드려 경배하며 왕관을 자발적으로 보좌 앞에 내어드리고 있습니다. 왕관을 받고 나서 내 것이라고 꼭 쥐고 있는 것이 아니라, 자발적으로 하나님께 내어놓는 겸손한 자세가 바로 권위와 직책을 대하는 하나님 나라 리더의 자세입니다. 오직 하나님께만 "영광과 존귀와 권능"을 돌리는 참된 영적 리더의 모습을 24장로에게서 발견할 수 있습니다.

하나님께서 자격 없는 우리에게 영광의 면류관을 씌워주시고 우리는 겸손하게 왕관을 하나님께 돌려드리는 이러한 장면을 한 번 상상해보시길 바랍니다. 이처럼 서로 세워주는 하나님 나라의 장면이 얼마나 아름답고 감동적인지요! 성부·성자·성령 삼위일체 하나님께서는 이렇게 상호 섬김을 통한 연합과 자유의 관계 안으로 우리를 초청해주셨습니다.

약자가 가진 것을 빼앗고 맹목적 복종을 강요하며 서로 깎아내리고 죽이는 마귀의 나라와 달리, 하나님 나라는 생명을 비롯한 가진 모든 것을 서로 '나누고 섬기며 세워주는' 아름다운 곳이기에 우리가 간절한 소망으로 기다릴 충분한 가치가 있는 곳입니다.

---

2) 예수 그리스도의 리더십을 세상으로 확장하라

- 큰 자는 너희를 섬기는 자가 되어야 하리라

리더십은 한 사람이 절대적 권위를 내세우거나 권력을 독점하는 것이 아닙니다. 진정한 성경적 리더십은 예수님을 리더로 섬기는 동시에 자신의 권위와 사명을 연약한 자들에게 나눠주고 섬기며 새로운 리더들을 세워나가는 '역동적인 과정'입니다. 이러한 하나님 나라의 리더십 원리는 마태복음에 나오는 예수님의 말씀에서도 발견됩니다.

> 그러나 너희는 랍비라 칭함을 받지 말라 너희 선생은 하나이요 너희는 다 형제니라 땅에 있는 자를 아비라 하지 말라 너희 아버지는 하나이시니 곧 하늘에 계신 자시니라. 또한 지도자라 칭함을 받지 말

라 너희 지도자는 하나이니 곧 그리스도니라 너희 중에 큰 자는 너희를 섬기는 자가 되어야 하리라(마 23: 8-11)

예수님께서는 목회자와 성도, 남편과 아내, 부모와 자녀를 포함한 우리 모두가 자신 안에서 한 형제라고 말씀하셨습니다. 그렇게 예수 안에서 주어진 생명과 사랑, 자유를 모두가 나누고 섬기고 서로 세우는 리더십은 나무가 열매를 맺는 것처럼 성령의 값진 열매들과 풍성한 영혼 구원의 결실을 맺게 합니다.

- 가정에 임하는 예수 그리스도의 리더십

그렇다면 예수 그리스도의 리더십이 통치하는 가정은 어떤 모습일까요? 먼저 하나님의 사랑을 풍성하게 경험하는 남편이 아내에게 사랑을 부어주고 아내는 남편에게 받은 사랑을 자녀들에게 부어주는 '하나님-나-너'의 연결된 3의 관계가 실현됩니다. 남편은 아내를 섬기고 아내는 남편을 존중하고 그 모습을 보는 자녀들은 자연스럽게 사랑과 섬김의 리더십이 무엇인지 배워가게 됩니다. 자녀들이 잘못하여 징벌을 내려야 할 때도 있지만, 사랑과 섬김, 용서의 큰 틀 안에서 이뤄지는 징벌은 자녀들에게 결코 상처를 주지 않습니다. 이러한 부모의 모습 속에서 자녀들은 자연스럽게 사랑과 공의의 하나님 형상을 인식하게 됩니다. 또한 자녀들이 성장함에 따라 부모가 점점 더 많은 재량권과 책임을 나눠주고 뒤에서 세워주면 자녀들이 능동적이고 책임감 있는 성숙한 리더로 성장할 수 있습니다. 남편과 아내, 자녀들이 예수 그리스도의 통치를 경험하는 가정에는 이렇게 놀라운 변화가 일어납니다.

• 서로 세워주는 리더와 팔로워 관계

가정뿐만 아니라 직장에서도 리더인 상사들이 하나님께 받은 축복과 은사를 팔로워인 부하직원들에게 나눠주고 섬기며 그들을 리더들로 세워야 합니다. 마귀의 리더십을 따라가는 직장상사들은 부하직원들 위에 군림하며 각종 '갑질'로 괴롭힙니다. 그러나 예수 그리스도의 리더십을 따르는 상사들은 확고한 방향성과 지침을 기반으로 정당한 권위를 행사하면서도 직원들이 마음껏 능력을 발휘할 여건을 제공하고, 어려움이 있을 때는 적절한 도움을 제공하는 '코치'형 리더들이 됩니다.

한 가지 주의해야 할 것은 리더십을 위임한다는 것을 책임 떠넘기기로 이해하면 안 된다는 것입니다. 일만 맡겨놓고 방치하는 것은 결코 성경이 말하는 위임 리더십이 아닙니다. 리더십의 위임은 팔로워의 현재 역량을 감안하여 적합한 리더십과 임무를 준 후 지속적인 관심을 가지고 뒤에서 지원해야 한다는 것을 의미합니다. 이 원리는 교회뿐만 아니라 세상 어느 조직에서도 적용이 가능합니다. 현대 경영학의 리더십 이론에서 권한 위임(empowerment, 임파워먼트)과 수평적 팀 조직, 섬기는 리더십(servant leadership), 코칭 리더십을 대표적인 효과적 리더십으로 꼽고 있는 것도 이미 성경에 기록된 리더십의 원리를 발견한 것입니다.

리더십은 반드시 팔로워십과 같이 가야 합니다. 팔로워들은 리더들의 나눔과 섬김과 세움에 감사와 겸손으로 반응해야 합니다. 팔로워 역할을 수행하는 동안 리더에게 겸손하게 순종하며 적극 돕는 능동적인 팔로워가 되어야 합니다. 리더에게 계속 지시와 도움을 받는 것을 당연시하는 수동적인 모습에서 벗어나 앞으로 탁월한 리더가 되기 위한 비전을 가지고 철저한 훈련을 받아야 합니다.

리더의 나눔과 섬김과 세움을 받으면서도 당연하게 여기거나 심지어 불만이나 교만한 마음을 품는 팔로워는 건강한 리더로 성장하지 못하고 조직에 문제를 일으킬 수밖에 없습니다. 악한 팔로워는 리더가 권위를 나누고 섬기고 세워줄 때 오히려 교만해져서 리더의 권위를 무너뜨릴 기회로 생각합니다. 따라서 악한 리더 못지않게 악한 팔로워도 조직을 무너뜨리는 데 큰 역할을 합니다. 조직에 위협을 가할 수 있는 마귀의 리더십과 팔로워십이 스며들지 못하도록 구성원들이 항상 하나님 나라의 원리들을 명확하게 공유하며 끊임없이 조직의 모습을 되돌아보는 성찰의 자세가 필요합니다.

• 한국사회의 변혁을 이끄는 '왕 같은 제사장' 리더십

오늘날 우리는 하나님 나라의 거룩한 왕 같은 제사장으로서 하나님의 통치를 온 세상으로 확장해야 하는 신약 교회시대의 사명을 수행하고 있습니다.

> 그러나 너희는 택하신 족속이요 왕같은 제사장들이요 거룩한 나라요 그의 소유가 된 백성이니 이는 너희를 어두운 데서 불러 내어 그의 기이한 빛에 들어가게 하신 이의 아름다운 덕을 선포하게 하려 하심이라(벧전 2:9)

이 시대는 최첨단 과학기술의 발달과 정치, 경제, 사회적 혼란

이 겹쳐져 있는 혼돈의 시대이기도 합니다. 빅데이터와 인공지능, 사물인터넷이 등장하는 등 세상이 급변하고 있는 상황에서 아직도 구약시대, 산업화, 민주화 시대의 고정관념 안에 안주해서는 안 될 것입니다. 첨단기술과 지식으로 개인의 능력이 극대화되는 21세기 중반 시대를 바라보면서 성경적 세계관으로 무장한 '왕 같은 제사장'들은 어떤 모습으로 살아가야 할까요?

'왕'은 '노예'와 대조적인 특성을 가지고 있습니다. 노예는 명령에 따라 움직이고 시키지 않은 일은 하지 않는 수동적인 사람들입니다. 그래서 노예와 같이 타성에 젖은 태도를 '노예근성'이라고 합니다. 예수 그리스도의 왕권을 위임받은 성도들은 자발적으로 말씀을 읽고 기도하며 성령의 인도하심을 구하는 능동적인 사람들입니다. 리더의 마음을 적극 헤아리며 요구한 것 이상의 창조적 방안을 제시할 수 있는 실천적이고 창의적인 사람들입니다. 어떤 직책이 맡겨져도 스스로 셀프리더십을 발휘하는 왕 같은 마음을 가진 사람들입니다. 하나님과의 깊은 영적 교제에서 부어지는 풍성한 능력을 기반으로 하여 새로운 영역으로 지경을 넓히는 개방적이고 진취적인 사람들입니다. 점점 악해지는 세상 가운데서도 앞으로 펼쳐질 복잡성과 혼돈의 시대는 왕의 정체성을 가진 하나님의 자녀들이 최고의 역량을 발휘할 수 있는 기회의 시대가 될 것입니다.

또한, 우리 그리스도인은 교회 밖 세상으로 나아가 예수 그리스도께 위임받은 제사장 직분을 수행해야 합니다. 아무리 뛰어난 인공지능도 감히 넘볼 수 없는 깊은 '나눔과 섬김과 세움의 예수 그리스도 영성'으로 무장한 그리스도인이 연약한 영혼들과 이 시대의 아픔을 마음속 십자가로 품고 기도로 섬기는 영적 제사장들이 되어야 합니다.

• 민주공화국을 넘어 하나님 나라로

오늘날 민주공화국 대한민국은 리더십의 위기를 겪고 있습니다. 민주주의의 형식은 갖췄지만 내용과 운용은 여전히 민주적이지 못합니다. 공화주의를 표방하고 있지만 온 국민을 하나로 묶을 수 있는 강력한 공화적 가치는 미사여구로만 존재하고 있습니다. 민주공화국인 대한민국의 그리스도인은 이런 상황에서 어떤 역할을 감당할 수 있을까요?

대한민국이 진정한 민주공화국이 되기 위해서는 개인의 자유와 권리를 추구하는 '민주주의'와 국가구성원의 화합을 추구하는 '공화주의'가 조화를 이뤄야 합니다. 이러한 민주공화국의 가장 완벽한 모형은 놀랍게도 '공동체의 연합'과 '개인의 자유'가 일치하는 '3=1' 관계 안에 계신 하나님이십니다. 연합과 자유라는 상반된 두 요소가 일치할 수 있는 비밀은 '상호 섬김'에 있습니다. 삼위일체 하나님의 형상을 닮은 교회가 공동체-개인이 조화를 이루는 아름다운 상호 섬김의 모습을 한국사회에 보여줘야 합니다. 진정한 개인의 자유를 누릴 줄 앎과 동시에 자신이 가진 것을 공동체를 위해 내어놓을 수 있는 하나님의 자녀들이 대한민국 곳곳으로 스며들어가 이 나라를 진정한 민주공화국으로 확고하게 세우는 일에 앞장서야 합니다.

이 사명을 이루기 위해서는 교회가 성도들을 하나님 나라의 왕(능동적이고 창의적인 리더/팔로워)과 제사장(영적 중보자와 섬기는 리더/팔로워)으로 훈련시켜야 합니다. 이렇게 훈련된 왕 같은 제사장인 성도들이 사회 곳곳에 진출하여 나눔, 섬김, 세움, 공동체성, 개인의 자유를 온전히 보여주는 성숙한 가족구성원, 시민, 정치인, 법조인, 공무원, 사업가, 교육자, 연구자, 예술가로 활약하면서 복음을 전하고 말씀대로 실천하는 삶을 살아야 합니다. 한국교회 평신도들이 비범한 성도들로 훈련되어 교회 밖으로 흩어져 갈 때 대한민국은 민주공화국을 넘어서서 예수 그리스도의 통치가 임하는 하나님 나라로 변화될 것입니다.

예수 그리스도의 통치가 임하는 대한민국은 어떤 모습으로 변화될까요? 강자가 약자와 가진 것을 함께 나누어 빈부격차가 줄어들 것입니다. 하나님의 무한하신 채우심을 경험하며 살기 때문에 가진 것을 나눠줘도 하나님께서 풍성하게 채워주신다고 믿기 때문입니다. 자신의 권위가 하나님께서 맡겨주신 것임을 아는 리더들이 섬기는 자세로 일하니 국민의 마음이 부드러워지고 갈등이 줄어들 것입니다. 경제위기가 와도 서로 나누고 섬기는 가운데 잘 극복하게 될 것입니다. 위기를 극복하는 과정에서 더 많이 나누고 섬기는 사람들이 자연스럽게 리더로 세워지게 될 것입니다. 부와 권력을 노리고 사람들 앞에 나오는 탐욕스러운 리더들은 설 자리를 잃게 될 것입니다. 이것이 바로 진정한 선진국에서 볼 수 있는 '노블레스 오블리주(noblesse oblige)'[9] 문화입니다.

나누고 섬기고 세우는 하나님 나라의 복음이 한국사회 곳곳으로 침투해 들어갈 때 한국사회의 분열과 갈등, 권위에 억눌린 상처,

---

9 국가, 사회의 리더들이 갖는 투철한 도덕적 책임과 솔선수범하는 희생정신을 의미함

도덕적 타락, 북한의 일인우상숭배체제 뒤에서 역사하는 자기중심적, 억압적, 폐쇄적, 폭력적, 쾌락 문화를 조장하는 옛 뱀-짐승-마귀의 문화는 물러갈 것입니다. 우리 그리스도인이 대한민국의 회복과 변혁을 주도하며 억압적 권세에 눌려 신음하는 북한, 그리고 세상 끝까지 하나님 나라가 확장되도록 힘써야 할 것입니다.

• 세상을 변화시키는 예수 그리스도의 하나님 나라 복음

예수 그리스도의 하나님 나라 복음은 한 사람의 영·혼·육을 전인적으로 회복시켜 영원한 생명과 진정한 자유를 누리는 하나님의 자녀로 변화시킵니다. 하나님의 자녀들은 아버지 하나님처럼 창조적이고 능동적이며 개방적인 왕 같은 삶을 사는 사람들입니다. 또한 날마다 예배 가운데 하나님의 임재와 축복을 경험하며 이웃과 세상에 하나님의 축복, 사랑, 용서를 베푸는 영적 제사장들입니다. 또한 삼위일체 하나님의 '공동체 연합=개인 자유'가 실현되는 가정과 교회를 세워 세상에 하나님의 형상을 드러냅니다. 나눔과 섬김, 세움의 성숙한 리더십과 감사, 겸손의 팔로워십으로 조직, 사회, 국가를 근본적으로 변화시킵니다. 눈앞에 다가온 새로운 시대는 "그리스도의 장성한 분량이 충만한" 성숙한 하나님의 사람들을 절실하게 필요로 하고 있습니다.

> 우리가 다 하나님의 아들을 믿는 것과 아는 일에 하나가 되어 온전한 사람을 이루어 그리스도의 장성한 분량이 충만한 데까지 이르리니(엡 4:13)

우리 그리스도인은 이 영원한 생명과 자유, 회복, 변혁의 복음을 온 세상에 전하는 하나님 나라의 자녀, 백성이며 왕 같은 제사장들입니다. 예수 그리스도의 삼중직책을 위임받았음을 감안한다면 진리의 말씀을 세상에 선포하는 선지자들이기도 합니다. 이미 이 땅에 임한 하나님 나라가 끊임없이 확장되어 땅끝까지 이를 때 예수 그리스도께서 이 땅에 다시 오실 것입니다. 장차 있을 그 대추수의 때에 영혼과 성령의 열매들을 풍성하게 맺어 우리의 영원한 왕이자 진정한 대제사장 되신 예수 그리스도를 기쁨으로 맞이할 수 있기를 간절히 소망합니다.

요약

1 마귀의 영향을 받는 악한 리더십은 스스로를 높이는 데 집착하며 다른 사람들의 맹목적 복종을 강요합니다. 이런 리더가 세워지면 돌로 쌓아 생명력이 없는 억압적인 피라미드 구조를 가진 조직이 됩니다.

2 예수 그리스도께서 보여주신 하나님 나라의 리더십은 겸손하게 순종할 때 하나님께서 세워주시는 리더십입니다. 예수 그리스도를 닮은 리더가 만드는 조직구조는 나무가 아래에서 위로 생명에너지를 공급하여 풍성한 열매를 맺게 하는 것처럼 큰 자가 작은 자와 가진 것을 나누고 섬기고 세워주는 모습으로 나타납니다.

3 요한계시록에 나오는 24장로와 같이 하나님 나라의 리더들은 주어진 권위와 직책을 하나님께 다시 올려드리는 겸손한 자세를 가지고 있습니다.

4 인공지능이 상용화되고 방대한 지식과 과학기술을 활용하여 개인의 능력이 극대화되는 새로운 시대는 왕과 같이 능동적이고 창의적이며, 제사장같이 다른 사람들을 마음속에 십자가로 품고 중보하는 그리스도인이 주도할 수 있는 기회의 시대가 될 것입니다.

5 나누고 섬기고 세우는 예수 그리스도의 영성을 가진 하나님 나라의 리더들이 대한민국 사회 곳곳에 들어가 억압적이고 폐쇄적인 마귀의 리더십과 조직구조 문화를 몰아내야 합니다.

묵상

대학강단에 선 후 다양한 학생과 만남을 가졌습니다. 학업과 관련된 주제로 시작한 상담은 부모님과의 문제로 귀결되는 경우가 많았습니다. 반항적이거나 부정적 자아상을 가진 학생들은 거의 예외 없이 부모님 두 분 또는 한 분과의 관계에 문제가 있다는 것을 발견했습니다.

가정뿐만 아니라 이 세상에는 수많은 억압과 저항의 이야기들로 가득합니다. 대학에서도 강압적인 선배와 반발하는 후배 간에 벌어지는 갈등의 소식들이 들려옵니다. 직장에서는 소위 직장상사의 갑질 문제가 사회적 쟁점이 되고 있습니다. 국가적으로도 강압적인 국가권력이 전 국민적인 저항을 불러와 역사의 흐름이 바뀌는 경우도 있었습니다. 반대로 정당한 리더의 권위를 인정하지 않고 다수의 힘으로 밀어붙이는 무질서가 문제가 될 때도 있습니다. 이 모든 문제는 모두 하나님과 올바른 관계를 맺지 못한 사람들 때문에 벌어지는 일들입니다.

성경에서 발견한 예수 그리스도의 나무형 리더십과 조직구조는 교회뿐만 아니라 우리가 몸담은 가정, 직장, 국가를 넘어서 온 세상을 변화시킬 힘을 가지고 있습니다.

저도 가정과 직장에서 많은 갈등과 문제들을 겪어왔지만 반항하는 자녀들, 말을 듣지 않는 학생들에게도 강압적인 자세로 대하지 않고 예수 그리스도의 마음으로 대할 때 좋은 결과를 얻을 수 있었습니다. 여러분은 몸담고 있는 가정과 직장 및 조직에서 어떤 리더십과 조직구조를 실천하고 계십니까?

나가면서

• 내 인생의 주인 되신 하나님

책을 마무리하면서 이 책의 배경이 되었던 제 경험을 나누고 싶습니다. 저는 소위 모태신앙입니다. 아주 어릴 때부터 교회에 다녔던 기억이 납니다. 제가 성경을 처음으로 접한 것도 어릴 때 어머님께서 읽어주셨던 그림성경을 통해서였습니다. 그때 책 속에서 본 천지창조, 아담과 하와, 노아의 홍수, 십자가를 지신 예수님의 그림들이 지금도 제 머릿속에 생생하게 남아 있습니다. 따라서 이 책은 그 시절 그림성경으로부터 시작되었다고 할 수 있습니다.

초등학생 시절을 생각하면 주일 오전 TV 만화를 뒤로하고 교회버스에 올라타야 했던 괴로운(?) 기억이 먼저 떠오릅니다. 솔직히 가기 싫었지만 예배에 빠지면 하나님께 벌 받을 것 같아서 어쩔 수 없이 교회에 갔습니다. 이렇게 의무적인 신앙생활을 하던 제가 예수님을 구원자로 영접한 것은 중학생 시절이었습니다. 당시 가정의 불화, 치열한 성적경쟁, 외모에 대한 열등감으로 마음이 눌려 있던 저는 중등부 여름수련회 저녁집회 중 목사님의 영접 초청에 응했습니다. 그러나 영접기도를 했는데도 당장 특별한 변화가 없어서 과연 구원을 받은 게 맞는지 혼란스럽기도 했습니다. 그러나 지금 되돌아보면 그 후 제 삶은 분명히 엄청난 변화를 겪었습니다. 특히 열등감으로 눌려 있던 마음이 서서히 하나님의 자녀라는 확고한 정체성과 자존감으로 변해갔습니다. 1장 사람의 창조 이야기와 겉사람-속사람 이야기에 이때의 제 체험이 담겨 있습니다.

고등학생 시절에는 머리가 커지면서 세상의 원리와 법칙을 발견하는 데 흥미를 붙였습니다. 영문법 공부하는 재미에도 푹 빠졌습니다. 성경도 논리적이고 분석적인 관점으로 읽었습니다. 그러다 보니 창세기의 선악과나무 이야기가 논리적으로 이해되지 않아서 창세기 강해서까지 사서 읽는 열심을 발휘하기도 했습니다. 그때 성경과 씨름하면서 얻은 깨달음이 에덴동산의 두 나무 이야기로 이 책에 담기게 되었습니다.

대학시절에는 1997년 IMF 경제위기가 터지고 당시 서울에서 다니던 대형교회에서 담임목사직 세습으로 교회가 분쟁에 휩싸이고 많은 사람들이 상처를 입는 광경을 목격하면서 사회와 교회의 구조적 문제에 눈을 뜨게 되었습니다. 믿음의 '본질'에 집중하면서 개인 신앙에 안주하던 저는 이때 저를 둘러싼 거대한 사회문화적 '맥락'에 대한 고민을 시작하게 되었습니다. 익숙했던 교회의 모습 속에서 성경적이지 않은 모습들이 보이기 시작했고, 교회 밖 사회문제들에 대해 성경이 무엇을 말하는지도 관심을 갖게 되었습니다.

그 당시 20대 중반이던 저는 교회 안에서 담임목사직 세습 문제에 대해 공개적으로 문제를 제기하는 입장에 섰다가 그전까지 경험하지 못했던 힘든 상황에 처하게 되었습니다. 교회를 무너뜨리는 자로 매도되고 인간관계가 끊기는 억울한 입장에 처한 저는 하나님께 매달릴 수밖에 없었습니다. 그 당시 성경을 통독하면서 간절히 기도할 때 제 안에 계신 성령님의 존재를 처음으로 깨닫게 되었습니다. 형식적인 회개기도를 해오던 과거와 다르게 제 속에 숨겨져 있던 죄들의 심각성을 깨닫고 진심으로 회개할 수 있었습니다. 회개할 때 하나님의 용서가 얼마나 큰 은혜인지 경험할 수 있었고 다른 사람들을 용서할 수 있는 능력도 부어지는 것을 경험했습니다. 구원받은 제 안에 아직 미약하지만 하나님께서 새롭게 창조하신 '속사람'이 성장하고 있다는 것을 느낄 수 있었습니다. 이때의 경험이 이 책에 용서, 성령, 한국교회와 사회에 대한 주제로 담겨 있습니다.

2002년 시작된 대학원 유학생활은 학업, 일, 자녀 양육을 병행하는 힘겨운 시간이었습니다. 지도교수님께서 갑자기 다른 학교로 떠나시고 재정지원도 끊기는 절박한 상황이 이어졌습니다. 이 상황을 통해 하나님께서는 노련한 외과 의사처럼 제 마음속 교만의 뿌리를 도려내셨습니다. 2년 동안 저는 지도교수님, 동료, 연구실도 없이 도서관 구석에서 외로운 시간을 보냈습니다. '포기할까?'라는 생각이 들어 답답할 때면 밖으로 나가 자연을 관찰하곤 했습니다. 그러던 어느 날 하늘 높이 뻗은 나무들을 보면서 뿌리에서 밑동, 가지, 잎사귀 순서로 큰 단위가 작은 단위에게 생명을 전달하는 나눔과 섬김의 구조를 발견하고 깊은 감동을 받았습니다.

나무의 모습에서 주목할 부분은 큰 단위가 작은 단위로 생명을 전달하면서 자신의 형상까지 전달한다는 사실입니다. 나무 전체와 그 속의 모든 개별 요소들이 같은 형상을 공유하는 서로 닮은 모습인 것입니다. 이렇게 부분과 전체가 닮은 구조를 복잡계 과학에서는 '프랙털(fractal) 구조'라고 합니다. 하나님의 자녀들이 하나님의 형상을 닮는다는 사실과 성도 개인과 교회 공동체가 서로 닮은 모습으로 조화를 이루는 모습을 프랙털 구조를 통해 이해할 수 있었습니다.

이런 관점에서 보면 하나님 나라가 이미 이 땅에 임했지만 아직 완성되지 않았다는 모순도 어느 정도 이해할 수 있습니다. 이미 이 땅에 임한 하나님 나라(already)는 나무의 작은 부분이며, 장차 완성될 하나님 나라(not yet)는 나무 전체라고 볼 수 있습니다. 우리는 우리의 내면과 가정, 교회, 직장, 사회 곳곳에 만들어지는 다양한 하나님 나라의 모습들을 충분히 경험하면서 궁극적으로 완성될

<그림 20> 부분과 전체가 닮은 프랙털 나무 구조 모형
(출처: rosettacode.org/wiki/File:Fractal_tree.svg)

총체적인 하나님 나라를 소망하며 살 수 있는 것입니다. 이 책에 나무 관련 이야기들이 많이 들어간 것은 이때의 깨달음 때문입니다. 이제 잠시 페이지를 뒤로 돌려서 그림 18(p. 186)을 뒤집어서 감상해보시기 바랍니다. 어떻습니까? 하나님께서 이 땅에 심으신 하나님 나라가 나무처럼 힘차게 온 세상을 향하여 뻗어나가는 아름다운 모습이 보이십니까?

제 신앙 성숙의 가장 큰 계기가 된 것은 결혼생활이었습니다. 성격과 성장배경이 정반대인 아내와 계속 충돌하는 과정에서 결혼 전에는 깨닫지 못했던 제 속의 가부장적·권위주의적 사고방식을 발견했습니다. 하나님께서는 그 과정에서 제 자존심을 내려놓고 연약한 아내에게 하나님의 사랑을 나눠주고 섬기며 세우는 예수님의 리더십을 배워나가게 하셨습니다. 결혼 후 15년이 지난 지금 저는 많이 달라졌습니다. 저와는 너무나 다른 모습의 아내 때문에 힘들다고 생각했지만 제 부족함을 채워주는 소중한 '돕는 배필'임을 깨달았습니다. 문제는 아내가 아니라 저였습니다. 아내를 변화시키려고 애쓸 때는 갈등이 많았지만, 아내를 먼저 인정해주고 섬기는 자세로 대하니 아내도 변화되는 것을 보고 성경 말씀이 진리임을 깨달을 수 있었습니다.

세 아이를 키우면서 깨달은 것도 많습니다. 저를 닮은 아이들을 보면서 제가 하나님의 형상을 닮은 자녀로 창조되었다는 것도 실감할 수 있었고, 하나님께 받은 사랑과 용서를 연약한 제 아이들에게 베풀 수 있는 능력도 얻고 있습니다. 부부·자녀관계에서 얻은 이러한 깨달음은 하나님의 형상, 하나님의 마음, 연결된 3의 대인관계 원리에 관한 이야기들로 이 책에 담겨 있습니다.

마지막 장에서 소개한 '나눔, 섬김, 세움의 리더십 모형'과 '나무형' 조직구조는 제가 몸담고 있는 대학 학과에서 실제로 효과를 검증해볼 기회가 있었습니다. 그 시작은 원로 교수님께서 자신의 권위를 후임 교수들에게 위임하여 혁신적인 생각들을 마음껏 실행에 옮길 수 있는 장을 마련해주신 것이었습니다. 후임 교수들은 대학원생들을 학습코치로 훈련시켜 세웠고, 대학원생 코치들은 학부생들을, 학부생들은 지역 중·고등학생들을 학습코치로 섬겼습니다. 한편으로는 교수진과 학생들이 함께 '학과자치규약'을 제정했습니다. 규약을 근거로 학생이 중심이 되는 민주적 조직을 구성하여 많은 학생을 새로운 리더들로 세웠습니다. 이렇게 학과 안에 교수진과 학생들이 서로 적극 소통하면서 사명과 리더십이 단계적으로 나눠지고 큰 자가 작은 자를 섬기며 세우는 나무형 조직구조가 실현되었습니다.

결과는 놀라웠습니다. 수동적이던 학생들이 스스로 학과 발전을 위한 아이디어들을 생각해내고 실행하는 능동적인 모습들이 서서히 나타나기 시작했습니다. 학생들이 내놓은 아이디어 중에는 교수들도 생각하지 못한 획기적이고 기발한 방안들이 많았습니다. 학생들은 후배들을 섬기는 과정에서 교수님들께 교육받기만 할 때는 경험할 수 없었던 리더십, 책임감, 인격적 성숙을 경험했다고 고백했습니다. 한편으로는 아직 인생 경험이 충분하지 않은 상황에서 나눔과 섬김, 세움이 어떤 의미인지 잘 이해하지 못하는 학생들의 모습도 여전히 발견할 수 있었습니다. 시간이 더 흘러 언젠가 교수님들의 마음을 깨닫는 날이 오리라 믿으면서 그동안 만난 학생들 모두를 사랑하며 축복합니다.

되돌아볼 때 저도 참 부족한 모습이 많았습니다. 학생들을 섬긴다고 했지만 학생의 관점이 아닌 내 관점에서의 섬김이 학생들에게 부담과 스트레스를 주지는 않았나 생각하면 제 부족한 리더십 때문에 예수님을 만나지 못하는 학생들은 없을까 정말로 두렵습니다. 이 경험은 제가 리더십에 관심을 가지게 된 계기가 되었고, 10~11장 교회와 세상에 필요한 성경적 리더십에 관한 글을 쓰는 계기도 되었습니다.

- **인생의 중간 언덕에 올라 되돌아보며**

이 책의 각 장들은 20대 초반 대학생 시절부터 최근까지 성경을 읽고 묵상하면서 적은 글들을 주제별로 모아서 수정한 글들입니다. 따라서 이 글들에 나오는 성경구절과 설명들은 제 삶의 당시 맥락과 밀접한 연관성을 갖고 있습니다. 되돌아보면, 성장과 발전을 위해 몸부림쳤던 20~30대 시절은 뜨거운 한여름과 같은 시기였던 것 같습니다. 반면 40대가 된 지금은 아직도 성장해야 할 부분도 많지만 내면의 성숙도 함께 이뤄가야 하는 초가을 같습니다. 20대 시절부터 숨 가쁘게 달리던 저는 30대 후반부터 건강이 악화되어 무척 힘든 시간을 보냈습니다. 건강에 전혀 신경 쓰지 않고 살아온 저에게는 예상치 못한 힘든 시간이었습니다. 생각해보니 40대부터는 20~30대 같은 열정적인 생활방식으로만 살 수 없다는 것을 인정하고 좀 더 성숙하고 절제된 삶으로 전환해야 하는 시기가 왔다는 점을 놓치고 있었습니다.

그러나 하나님께서는 건강 문제를 오히려 축복으로 바꿔주셨습니다. 몸이 힘드니 하나님의 도움을 간절히 찾을 수밖에 없었고 성경도 더 열심히 읽고 성령님과의 교제도 깊어지면서 삶에서 놓치고 있던 순종의 기회들도 발견하게 되었습니다. 본질적이지 않은 일들은 과감하게 거절할 용기도 생겼습니다. 이 책도 사실 몸이 아프지 않았다면 쓸 생각을 하지 못했을 것입니다. 인생에서 겪는 다양한 역경을 통해 저의 연약함을 깎아내시고 하나님의 거룩한 자녀 형상으로 다듬어가시는 최고의 리더 하나님께 영광과 감사를 올려드립니다.

지금까지 살아온 40여 년 동안의 인생을 되돌아보니 어렸을 때 제 속에 심긴 복음의 씨앗이 싹을 틔워 제 가정과 제가 가르치는 학생들, 제가 속한 직장과 교회로도 그 지경이 확장되고 있는 모습을 보게 됩니다. 제 연약함과 부족함에도 불구하고 하나님께서 제 삶 속에서 주권적으로 하나님 나라의 지경을 확장해나가시는 것을 볼 때 참으로 감당할 수 없는 큰 은혜가 아닐 수 없습니다.

• 여름과 초가을을 넘어 추수의 때를 기다리며

이 책을 쓰는 과정에서 저는 여름에서 더위와 추위가 오가는 초가을을 거쳐 가을에 이르는 자연의 변화를 관찰할 수 있었습니다. 환절기에 드러나는 자연의 섭리를 통해 이미 임했지만(already) 아직 완성되지 않은(not yet) 하나님 나라의 원리를 쉽게 이해할 수 있었습니다.

가을의 시작을 알리는 '입추'는 흥미롭게도 무더위가 극에 달하는 '말복' 전에 옵니다. 옛 사람들은 지혜롭게도 무더위의 절정 가운데 심긴 조그만 가을의 씨앗을 발견했던 것입니다. 말복 더위 속에 심긴 보이지 않는 초가을 기운처럼 기세등등한 악의 기운 한 가운데 심긴 보이지 않는 하나님 나라는 지금도 끊임없이 뻗어나가고 있습니다. 하나님 나라는 오늘날 성령님의 역사하심을 통해 온 세상과 우리 내면 속으로 끊임없이 확장되고 있으며 장차 예수 그리스도의 재림 때에 이르러 완성될 것입니다.

이미 우리 삶 속으로 들어온 하나님 나라를 누리며 완성을 소망하며 살아가는 삶. 이것이 오늘날 그리스도인이 가져야 할 시대 인식입니다. 이런 맥락을 인식하지 못하면 하나님 나라가 이미 임했다는 사실을 모른 채 마치 이 세상이 영원히 계속될 것처럼 함부로 살 수 있습니다. 반대로 하나님 나라가 완성될 것이라는 소망이 없으면 눈앞에 보이는 악한 현실을 보면서 쉽게 절망해버릴 수도 있습니다.

여름과 가을의 모습이 혼재된 환절기처럼 아직도 여전한 이 세상과 점차 커지는 하나님 나라의 두 모습이 섞여 있기 때문에 혼란스럽기도 합니다. 그러나 뜨거운 여름을 견뎌내고 초가을에 속까지 깊이 영근 곡식과 과일들이 원숙한 가을에 이르러 추수되는 것처럼 예수 그리스도께서 이 땅에 다시 오실 때 우리는 구원의 완성이라는 값진 믿음의 열매를 거두게 될 것입니다.

반대로 무더운 여름과 같이 끝나지 않을 것만 같은 이 세상은 노아의 홍수 때와 같이 심판을 받아 종말을 고하게 될 것입니다. 지혜로운 사람은 무더운 말복 더위 가운데서도 조용히 차오르는 가을의 기운을 감지하고 미리 가을의 삶을 준비합니다. "회개하라 천국이 가까이 왔느니라(마 3:2)"고 외친 침례(세례) 요한처럼 예수 그리스도께서 오실 길을 준비하는 것이 우리에게 부여된 시대적 사명입니다.

• 새 하늘과 새 땅을 소망하며

마지막으로 진정한 아담이신 예수 그리스도를 시조로 하는 “새 사람(골 3:10)”들이 살아갈 “새 하늘과 새 땅(계 21:1)”의 모습을 상상해봅니다. 성경 전체 맥락에서 생각해볼 때 하나님 나라는 에덴동산에서 하나님을 떠난 사람이 겪어온 모든 문제가 근본적으로 해결되는 나라일 것입니다. 생명나무가 회복되어 다시는 죽음과 고통이 없을 것입니다. 하나님께서 무한한 생명과 에너지를 직접 공급해주시기 때문에 에너지와 자원 부족, 빈부격차 문제로 고민할 필요도 없습니다. 먹고살기 위해 고된 일을 할 필요도 없을 것입니다. 하나님 나라는 놀고먹는 곳이 아니라 하나님께 받은 창조적인 재능과 능력을 하나님의 영광을 위해 마음껏 발휘하며 일하는 기쁨과 보람이 충만한 곳일 것입니다.

독재권력과 투쟁하거나 침략자에 맞서 싸울 필요도 없으며 무질서를 걱정할 필요도 없습니다. 그곳은 평화의 왕이신 예수 그리스도께서 공의와 사랑으로 통치하시는 나라이기 때문입니다. 또한 하나님과 사람이 하나로 연합된 공동체 안에서 각 개인이 참된 자유를 누리는 곳이기 때문에 민주주의-사회주의, 자본주의-공산주의 같은 이념 대결도 없는 곳입니다. 무엇보다 우리를 사랑하시는 하나님과 직접 교제하는 참된 안식과 기쁨이 영원히 이어지는 나라입니다.

> 또 내가 새 하늘과 새 땅을 보니 처음 하늘과 처음 땅이 없어졌고 바다도 다시 있지 않더라 …… 내가 들으니 보좌에서 큰 음성이 나서 이르되 보라 하나님의 장막이 사람들과 함께 있으매 하나님이 그들

과 함께 계시리니 그들은 하나님의 백성이 되고 하나님은 친히 그들과 함께 계셔서 모든 눈물을 그 눈에서 닦아 주시니 다시는 사망이 없고 애통하는 것이나 곡하는 것이나 아픈 것이 다시 있지 아니하리니 처음 것들이 다 지나갔음이러라(계 21:2-4)

제가 성경과 삶에서 발견할 수 있었던 하나님 나라의 이야기는 일단 여기에서 마칩니다. 이 책의 마지막 페이지를 마무리하면서 사람에게 자유의지를 부여하시고 온 우주의 헤아릴 수 없는 다양한 모습들을 모두 포용하시면서도 섭리 가운데 역사를 이끌어가시는 놀라운 지혜와 탁월한 리더십을 가지신 하나님을 다시 한 번 찬양하지 않을 수 없었습니다.

앞으로도 성경과 제 삶 속에서 발견한 하나님 나라의 이야기는 계속해서 이어질 것입니다. 이제 이 책을 다 읽으신 여러분께서도 각자 성경과 삶 속에서 발견한 하나님 나라의 이야기들을 계속해서 이어나가실 차례입니다.

참고문헌

- **성경주석 및 신학자료**

역사신학. 제프리 브로밀리 지음. 서원모 옮김. 크리스챤다이제스트. 1992.

조직신학(상, 하). 루이스 벌코프 지음. 권수경·이상원 옮김. 크리스챤다이제스트. 1991.

톰슨주석 III. New ADDITION. 강병도·전봉준 편저. 기독지혜사. 2016.

- **복음의 본질**

구멍난 복음을 기워라. 박영철. 규장. 2016.

구원이란 무엇인가. 김세윤. 두란노아카데미. 2001.

성령의 임재를 체험하는 영적 원리. 윤영환. 더드림. 2013.

진정한 부흥, 로마서. 조경호. 생명의말씀사. 2010.

태초의 첫째 아담에서 종말의 둘째 아담 그리스도까지. 존 페스코. 김희정 옮김. 부흥과개혁사. 2007.

하나님나라 관점으로 신약/구약관통. 이종필. 넥서스CROSS.

2014.
하나님을 누가 만들었을까? 래비 재커라이어스·노먼 가이슬러 엮음. 박세혁 옮김. 사랑플러스. 2005.

• **교회사**

새교회사 I, II. 정수영. 명현문화사. 2002.
이야기 교회사: 교양인을 위한 13가지 기독교 신앙 이야기. 이성덕. 살림. 2007.
통박사 조병호의 성경과 5대제국(앗수르, 바벨론, 페르시아, 헬라, 로마). 조병호. 통독원. 2011.

• **성경적 리더십**

거인들의 발자국. 한홍. 비전과리더십. 2004.
영적지도력. J. 오스왈드 샌더스 지음. 이동원 옮김. 요단출판사. 1982.
코칭바이블. 게리 콜린스. 양형주·이규창 옮김. IVP. 2011.

• **성경적 세계관과 적용**

기독교세계관과 현대사상. 제임스 사이어 지음. 김헌수 옮김. IVP. 2009.
나라를 제자 삼는 하나님의 8가지 영역. 린다 콥 지음. 김명화 옮김. 예수전도단. 2006.
니고데모의 안경. 신국원. IVP. 2005.
성경 어떻게 적용할 것인가. 송인규. 성서유니온선교회. 2001.

- 내면의 문제들

뇌, 하나님 설계의 비밀. 티머시 R. 제닝스 지음. 윤종석 옮김. CUP. 2015.

자아상의 치유. 변상규. NUN. 2013.